O PODER DAS ESCOLHAS

DA SÉRIE REAPRENDENDO A VIVER

CB002462

Editora Appris Ltda.
1.ª Edição - Copyright© 2021 dos autores
Direitos de Edição Reservados à Editora Appris Ltda.

Nenhuma parte desta obra poderá ser utilizada indevidamente, sem estar de acordo com a Lei nº 9.610/98. Se incorreções forem encontradas, serão de exclusiva responsabilidade de seus organizadores. Foi realizado o Depósito Legal na Fundação Biblioteca Nacional, de acordo com as Leis nos 10.994, de 14/12/2004, e 12.192, de 14/01/2010.

Catalogação na Fonte
Elaborado por: Josefina A. S. Guedes
Bibliotecária CRB 9/870

T356p 2021	Tófoli, José Eduardo O poder das escolhas : da série reaprendendo a viver / José Eduardo Tófoli. - 1. ed. – Curitiba : Appris, 2021. 215 p. ; 23 cm. ISBN 978-65-250-0401-3 1. Técnicas de autoajuda. 2. Autogerenciamento (Psicologia). I. Título. II. Série. CDD – 158.1

Livro de acordo com a normalização técnica da ABNT

Appris *editora*

Editora e Livraria Appris Ltda.
Av. Manoel Ribas, 2265 – Mercês
Curitiba/PR – CEP: 80810-002
Tel. (41) 3156 - 4731
www.editoraappris.com.br

Printed in Brazil
Impresso no Brasil

JOSÉ EDUARDO TÓFOLI

O PODER DAS ESCOLHAS

DA SÉRIE REAPRENDENDO A VIVER

FICHA TÉCNICA

EDITORIAL
Augusto V. de A. Coelho
Marli Caetano
Sara C. de Andrade Coelho

COMITÊ EDITORIAL
Andréa Barbosa Gouveia (UFPR)
Jacques de Lima Ferreira (UP)
Marilda Aparecida Behrens (PUCPR)
Ana El Achkar (UNIVERSO/RJ)
Conrado Moreira Mendes (PUC-MG)
Eliete Correia dos Santos (UEPB)
Fabiano Santos (UERJ/IESP)
Francinete Fernandes de Sousa (UEPB)
Francisco Carlos Duarte (PUCPR)
Francisco de Assis (Fiam-Faam, SP, Brasil)
Juliana Reichert Assunção Tonelli (UEL)
Maria Aparecida Barbosa (USP)
Maria Helena Zamora (PUC-Rio)
Maria Margarida de Andrade (Umack)
Roque Ismael da Costa Güllich (UFFS)
Toni Reis (UFPR)
Valdomiro de Oliveira (UFPR)
Valério Brusamolin (IFPR)

ASSESSORIA EDITORIAL
Cibele Bastos

REVISÃO
Camila Dias Manoel

PRODUÇÃO EDITORIAL E DIAGRAMAÇÃO
Jhonny Alves dos Reis

CAPA
Amy Maitland

COMUNICAÇÃO
Carlos Eduardo Pereira
Débora Nazário
Karla Pipolo Olegário

LIVRARIAS E EVENTOS
Estevão Misael

GERÊNCIA DE FINANÇAS
Selma Maria Fernandes do Valle

AGRADECIMENTOS

Quando compreendi que quem me tornei era um pouco de todas as experiências e pessoas com quem tive a honra de conviver ou ainda convivia, agradecer a todos, limitando-me a poucas linhas nesta obra, tornou-se um grande desafio. Sintam-se todos carinhosamente abraçados.

Primeiramente, e principalmente, ao Criador universal, fonte de tudo e de todos, gratidão cósmica por ser a base de mais esta maravilhosa experiência nesta minha jornada de vida. Estou vivendo com amor e devoção a minha jornada neste maravilhoso planeta, neste momento, com essas pessoas que muito me enriquecem com sua experiência e sabedoria, e contemplando essa natureza exuberante.

Aos meus pais, Ilsa Mueller Tófoli (*in memoriam*) e José Mario Tófoli, meus orgulhos, meus exemplos de vida, por terem escolhido viver um com o outro e feito a escolha de formar essa maravilhosa família, minha gratidão eterna pelo honroso legado de valores.

Aos mestres que me ensinaram a ler e escrever, naquela acolhedora escolinha rural no Bairro Itaipu, Dona Orlinda de Oliveira Carvalho e Senhor José Raimundo Dias Pucillo, e demais mestres que foram fundamentais no meu aprendizado e evolução, gratidão eterna e parabéns pela escolha de cultivar seus dons transformando-os em preciosos talentos a serviço de um mundo melhor.

Aos meus dindos e dinda, José Rodolfo Muller, Luiz Bachião e Eugênia de Almeida Muller, e ao queridíssimo Padre Wilson de Pieri, minha gratidão eterna por todo o incentivo e pelos exemplos de vida religiosa.

Aos senhores José Esteves, Horácio e Leonildo Esteves e familiares, gratidão eterna pelo exemplo de caráter, cuidado, zelo e honestidade com que acolheram a nossa família, empregando a todos no trabalho em suas terras ao nos mudarmos do Sítio São José para Santa Zélia.

Ao senhor Mário Zanatta, por ter acreditado em mim quando nem eu mesmo sabia que tinha capacidade para trabalhar em um banco, dando-me a oportunidade de ter o meu primeiro registro em carteira; não imagina quanto lhe sou grato. Que seu exemplo solidário se multiplique por todo este planeta.

Meus agradecimentos ao jovem Willian da Rosa, fotógrafo e editor da capa, e ao senhor Francisco Rodrigues da Silva Neto, que pacientemente e com muito profissionalismo fez a revisão do livro.

Aos amigos Fabyo Von-Grapp Santos, Moacir Milhomem, Seu Tadeu Maciel, por terem me incentivado a compartilhar conteúdo por meio deste veículo: sempre me senti confortável na posição de leitor e, corajosamente, estou me arriscando a trilhar esta jornada de escritor.

Ao amigo-águia Alexsander da Silva Gassen, por ter sido tão persistente, quando fui resistente em aceitar o convite para fazer o treinamento de imersão no DL POA (Desenvolvimento e Liderança pela Equipe do Zanetti e Michelle Pajak de Porto Alegre).

E aquele foi um final de semana épico, que me despertou para um universo de infinitas possibilidades no meu desconhecido e misterioso mundo interior. Gratidão cósmica a você, Alex, a toda à superequipe do Zanetti e da Michelle e a todos os amigos que fiz nos vários treinamentos desde então: 1, 2, 3, 4.

SUMÁRIO

INTRODUÇÃO 13

VOCÊ FAZ IDEIA DE QUANTAS ESCOLHAS "VOCÊ" FAZ AO LONGO DE UM DIA DA SUA JORNADA DE VIDA?.. 13

1
O PODER DAS ESCOLHAS
–
A ORIGEM
ESCOLHAS VOLUNTÁRIAS, CONSCIENTES
X
ESCOLHAS HABITUAIS, INCONSCIENTES

SOMOS REALMENTE LIVRES PARA FAZER AS NOSSAS ESCOLHAS?.. 17

QUAIS CRITÉRIOS UTILIZO AO FAZER MINHAS ESCOLHAS E TOMAR MINHAS DECISÕES? 24

COMPETÊNCIAS NA GESTÃO DAS EMOÇÕES 33

PRINCIPAIS FUNÇÕES DA MENTE INCONSCIENTE 40

OBSERVAI VOSSOS PENSAMENTOS 42

QUAL DESTES SENHORES ESTOU ALIMENTANDO CONSTANTEMENTE? MEU EGO OU MINHA ALMA? 45

VOCÊ SE CONSIDERA UMA PESSOA SAUDÁVEL? 47

ADQUIRA O HÁBITO DE RESPIRAR PROFUNDAMENTE E PRATICAR ATIVIDADES FÍSICAS 49

COMO FAZER MELHORES ESCOLHAS, AGORA? 54

LEI DO KARMA OU DE CAUSA E EFEITO 59

INTUIÇÃO E INSTINTO – *INTUITION AND INSTINCT* 60

NÓS CRIAMOS A NOSSA PRÓPRIA REALIDADE 65

O PODER DAS PALAVRAS NA CRIAÇÃO DA NOSSA PRÓPRIA REALIDADE .. 66

COMO PERCEBEMOS A REALIDADE? 69

ABECEDÁRIO DA COMUNICAÇÃO NÃO VERBAL – POR NICHOLAS BOOTHMAN...........75

COMO PERCEBEMOS E REGISTRAMOS AS EXPERIÊNCIAS? QUAIS PADRÕES UTILIZAMOS AO FAZER DETERMINADAS ESCOLHAS? 82

MAS O QUE TUDO ISSO TEM A VER COM AS NOSSAS ESCOLHAS?..........92

PERGUNTAS SUPERPODEROSAS – METAPROGRAMAS.............100

O QUE REALMENTE O MOTIVA A FAZER AS ESCOLHAS QUE VOCÊ FAZ?...........103

2
AUTOMATISMOS
AGIR POR IMPULSOS
PILOTO AUTOMÁTICO

O QUE SÃO AUTOMATISMOS? QUAL A ORIGEM? COMO FAÇO PARA ME COLOCAR NO CONTROLE CONSCIENTE DA MAIORIA DAS ESCOLHAS QUE FAÇO E DAS DECISÕES QUE TOMO NA VIDA?......115

LIMPANDO OS FILTROS – ACUIDADE SENSORIAL...........119

PADRÕES LINGUÍSTICOS 125

COMO CONTROLAR OS IMPULSOS?...........139

FATO X SIGNIFICADO 143

PROCESSO DE APRENDIZAGEM 149

TEORIA DA ESCOLHA, DE WILLIAM GLASSER...........151

3
COSTUMES
E
TRADIÇÕES
QUANDO NASCEMOS FOMOS PROGRAMADOS...
LEGIÃO URBANA

"SEMPRE FOI ASSIM"...........155

PARADIGMAS CIENTÍFICOS 161

PARADIGMAS EDUCACIONAIS 164

PARADIGMA SOCIAL: O PARADIGMA NO CONTEXTO
SOCIOCULTURAL..167

PARADIGMA DA AUTOIMAGEM.......................................177

PARADIGMA DA ESCASSEZ E DA ABUNDÂNCIA.............186

SUA CRIANÇA INTERIOR TEM ORGULHO DAS ESCOLHAS QUE VOCÊ ESTÁ
FAZENDO?..192

UM DIA A GENTE APRENDE QUE... – POR VERONICA A. SHOFFSTALL....195

REFERÊNCIAS 197

ANEXOS E APÊNDICE

**ANEXO A – "COMO TOMAR DECISÕES ASSERTIVAS?
QUATRO COMPETÊNCIAS ESSENCIAIS AOS GESTORES NO
PROCESSO"**...207

**ANEXO B – "PRESSUPOSTOS DA PNL – JOSEPH O'CONNOR E
JOHN SEYMOUR
O MAPA NÃO É O TERRITÓRIO"**..................................213

Escolha com Sabedoria

Nossa postura perante a vida é uma escolha.
Ser feliz é uma escolha.
Ser otimista é uma escolha.
Ser generoso é uma escolha.
Sejam quais forem suas escolhas, elas moldam quem você é.
Escolha com sabedoria.

Roy T. Bennett – autor americano

Escolhas da Vida

A vida são as escolhas que vamos fazendo ao longo dela. São os caminhos que tomamos em determinadas alturas, são os desvios que fazemos.

O tempo passa e muitas vezes olhamos para trás e pensamos como seria o nosso hoje se ontem tivéssemos escolhido diferente. E quantas vezes não sentimos arrependimento por ter feito esta ou aquela escolha.

Mas a verdade é que já não vale a pena olhar para trás. De nada vale pensar no que já não se pode mudar.

Hoje e amanhã haverá outras escolhas que teremos que fazer, e é nessas que devemos nos concentrar. Escolha sempre com consciência, com o coração, mas também com a razão.

Pense sempre no que é melhor para você e para aqueles que ama, e acima de tudo pense que às vezes a escolha mais fácil não é a melhor a longo prazo.[1]

Autoria desconhecida

---

[1] ESCOLHAS da Vida. **Mundo das Mensagens.** © 2006 - 2021 7Graus. Disponível em: https://www.mundo-dasmensagens.com/escolhas-vida/. Acesso em: 27 jan. 2021.

INTRODUÇÃO

–

VOCÊ FAZ IDEIA DE QUANTAS ESCOLHAS "VOCÊ" FAZ AO LONGO DE UM DIA DA SUA JORNADA DE VIDA?

Segundo estimativas publicadas pelo *The Wall Street Journal*, tomamos em média 35 mil decisões por dia, desde as escolhas mais simples, como qual roupa vestir ou o que comer no café da manhã, até as mais complexas, como qual faculdade fazer, ou escolhas e decisões no âmbito profissional.

Eu fiz questão de dar destaque à palavra "você" na minha provocação inicial abordando esse que considero um importante tema, para que juntos comecemos a nos dar conta de quantas escolhas estamos fazendo conscientemente.

Você faz suas escolhas, e suas escolhas fazem você.
Gayle Forman

Neste meu terceiro livro, da série *Reaprendendo a Viver*, eu reforço o convite a você, para trilharmos e explorarmos juntos esta jornada interior de autoconhecimento e expandirmos nossa consciência nos colocando ainda mais presentes e por inteiro em tudo o que fizermos, experenciarmos e nas reações e respostas diante das situações apresentadas pela vida.

Vamos explorar juntos todos os mecanismos por trás do processo de fazer escolhas... O que o motiva a fazer as escolhas que faz... O que determina suas escolhas... Quais são os seus critérios para fazer escolhas etc.

Afinal, se eu faço mesmo tantas escolhas assim e não estou ciente da maioria delas, quais dessas escolhas eu realmente fiz? Como estar mais presente e consciente das escolhas que eu faço? Será que realmente existe o livre-arbítrio?

Quais escolhas são realmente significativas e qual tem sido o impacto das minhas escolhas conscientes, na minha vida? Que competências eu necessito devolver para tomar melhores decisões?

Faz sentido para você que não escolher já é uma escolha?

Você é livre para fazer suas escolhas, mas é prisioneiro das consequências.
Autoria desconhecida.

1

O PODER DAS ESCOLHAS

–

A ORIGEM

ESCOLHAS VOLUNTÁRIAS, CONSCIENTES

X

ESCOLHAS HABITUAIS, INCONSCIENTES

SOMOS REALMENTE LIVRES PARA FAZER AS NOSSAS ESCOLHAS?

Você se deu conta de quantas escolhas conscientes fez desde que despertou hoje?

A criança que você foi teria orgulho das escolhas que fez e da pessoa que você está se tornando, considerando que todos somos um ser em construção?

Você tem consciência das muitas escolhas que faz compulsivamente, por meio de reações inconscientes às provocações que a vida lhe apresenta?

Vamos lá, convido-o a juntos olharmos para a vida como uma fascinante metáfora, um divertido jogo em que cada escolha sua é uma peça do jogo de dominó que você empurra, e consequentemente derruba outras... Você já ouviu falar do efeito dominó?

Figura 1 – Efeito dominó

Fonte: cartunista iraniano Mana Neyestani (1990)

Vamos começar? Ou, melhor, você já deve ter se dado conta de que o jogo já começou faz algum tempo, não é? Você faz ideia de quantas escolhas, de quantas vezes você empurrou uma peça desse dominó na sua vida? Ou quantas vezes você se permitiu que alguém ou alguma situação influenciasse você a fazer isso? A vida é feita de escolhas.

Quem escolheu a religião que você deveria seguir, o time de futebol pelo qual deveria torcer, o tipo de roupas que deveria vestir, as amizades, a escola que deveria frequentar, a profissão que deveria seguir, quem namorar, quando namorar, quando se casar, quando ter filhos, quantos filhos, quando começar a trabalhar...? Faz sentido a você a afirmação de que não existe efeito sem causa, que cada escolha tem suas consequências?

Mas, como gostamos do "faz de conta", vamos lá, faz de conta que você tem 30 segundos para fazer uma escolha consciente – só lembrando que você é livre. Basta escolher e empurrar uma peça desse fascinante jogo de dominó que o segundo dominó será derrubado, e este vai derrubar o terceiro, que vai derrubar o quarto, e assim por diante.

1. Você decide começar a fazer aula de música e no conservatório você conhece várias pessoas, realidades, crenças e costumes diferentes. Todos esses conhecimentos adquiridos são vários dominós que vão derrubar outros dominós, e estes vão derrubar outros e consequentemente influenciarão suas decisões e a sua vida, por muitos anos.

2. Você decide começar a fumar, uma escolha, um dominó. No início era para ser somente uma curtição, para acompanhar os colegas, a fim de fazer charme para as meninas, mas os dominós começam a derrubar outros, que vão derrubar outros, que consequentemente provocarão mudanças na sua vida. Com o tempo, seus dentes vão ficando amarelos, o maravilhoso sistema de defesa do corpo contra doenças vai ficando enfraquecido e, como consequência, há redução na qualidade de sua situação de vida e grandes chances de ter a saúde prejudicada por uma escolha feita algumas décadas atrás.

3. Você decide, a convite de algum amigo, fazer um treinamento de imersão na área comportamental, num fim de semana, uma escolha, um dominó. Nesse treinamento você se permite vivenciar experiências que o fascinam, você conhece pessoas, faz muitas amizades, e saindo do treinamento você convida outro amigo para

fazer esse treinamento – e a vida dele poderá mudar para sempre. São dominós que derrubarão outros dominós, que derrubarão outros. No momento que você decidiu ler este texto, você derrubou um dominó, quando você escolheu ir ao teatro, você derrubou um dominó, quando escolheu ir com a família a um restaurante vegetariano ou de frutos de mar no último domingo, você derrubou vários dominós, quando começou a praticar atividades físicas com frequência, derrubou um dominó.

E aí, está gostando do jogo? Aparentemente, estamos jogando com escolhas e decisões conscientes, correto? E quanto àquelas escolhas involuntárias, inconscientes?

4. No trânsito, indo para o trabalho, alguém resolve insultá-lo, querendo lhe dar uma liçãozinha, só porque você parou na faixa para alguns pedestres atravessarem e o ofensor em questão se encontrava atrasado para os compromissos matinais. Vamos lá, somente um dominó, faça uma escolha. Qual seria a sua reação? Você reage ao insulto, devolve alguns "elogios" e resolve persegui-lo com seu carro em meio àquele trânsito infernal – afinal de contas, você não tem nada a ver com o fato de ele estar atrasado para seus compromissos e, no mais, você estava sendo gentil com os pedestres – ou reage com indiferença? Analisando conscientemente e com calma, parece óbvia a resposta – afinal, uma reação violenta acirraria os ânimos e as consequências poderiam ser catastróficas –, mas será que, associando-se ao contexto, você não estando num estado emocional tão rico de recursos assim, você "engoliria em seco", aceitaria a provocação e ficaria quieto?

5. Todos os dias você tem acesso a uma infinidade de escolhas, portanto, a partir de hoje, que tal utilizar essa metáfora do efeito dominó como exercício para ajudá-lo a estar mais consciente? Exemplo: todas as manhãs você toma café apressadamente e sai correndo para o seu trabalho... São escolhas, são peças desse jogo de dominó que tem acarretado alguns arrependimentos... Como o de ter vivido uma vida vendo os filhos crescerem somente na horizontal. Outra escolha, um dominó: programe-se para despertar 15 ou 30 minutos antes, demonstrando ao corpo físico quem está no controle e procure repetir esse comportamento até formar novos hábitos. Assim você terá tempo suficiente para tomar um

café sentando-se à mesa com a família, abraçá-la carinhosamente antes de sair e ainda olhar nos olhinhos daqueles "seres" expressando aquele sentimento que arde no seu coração com um: *Papai ama muito você, faça um excepcional dia.* E, para começar o dia com chave de diamante: despeça-se da companheira com um abraço demorado e olhando-a nos olhos: *um eu amo muito você.*

Os filhos são seres muito dependentes dos pais e, na fase da infância, necessitam de amor, proteção e alimento. Mas existe uma quarta necessidade fundamental de que muitos pais se esquecem: a liberdade. Muitos pais têm dificuldades em colocar limites no comportamento das crianças e acabam reprimindo e impedindo que elas floresçam e que desenvolvam sua personalidade com todo o seu potencial. Dependendo do nível de opressão, para não contrariar os pais, as crianças acabam criando falsas identidades, personagens distantes do seu eu verdadeiro, de sua essência, dominós que vão derrubar outros dominós, que poderão mudar a vida daquele ser humano para sempre.

Dia desses eu presenciei uma cena que, infelizmente, acontece com muita frequência, na relação entre pais despreparados com seus filhos: o pai estava aos berros dentro do carro, parado num estacionamento de uma loja, com uma criança de no máximo três anos no banco de trás. Aquele humano gritava como um animal enfurecido, dando tapas na criança indefesa – conseguiu imaginar a cena? Sei que o sentimento é de revolta, mas isso é muito mais comum do que você imagina. Um humano despreparado para o papel de pai, usando o único recurso que tinha naquele momento – a força física. Infelizmente, tratava-se de adulto versus uma criança e daí você já sabe, muitos dominós sendo derrubados... muitos traumas instalados com sucesso, tendo como consequências... adultos infelizes.

6. Você decide. Vamos ao próximo dominó, mais uma escolha: ao sair de casa todos os dias para o trabalho, você já se acostumou a se despedir do seu parceiro ou parceira, apressadamente, com um "te amo", já entrando no elevador ou carro, quase inaudível. Com o tempo o relacionamento vai ficando sem sabor, sem novidades, sempre na mesma rotina, cada vez mais superficial... Triste realidade de mais uma relação afetiva que começou de uma forma linda e abençoada, desintegrando-se aos poucos. São dominós que estarão derrubando outros dominós até que a escolha seja: suportar um relacionamento de "faz de conta", com possível trai-

ção, ou enfrentar um processo de separação com consequências dolorosas para toda a família. Outra escolha, um dominó, vamos lá, você tem 30 segundos: ao se despedir do parceiro ou parceira, você dá aquele abraço carinhoso, demorado, você traz o corpo da pessoa junto ao seu, sente a respiração, o compasso do coração pulsando... E, num tom de voz baixinho, sussurra... "Eu amo você, você é a pessoa com quem quero viver minha vida, aprender, evoluir e compartilhar muitos momentos juntos". Pratique o hábito de olhar diretamente nos olhos, de um jeito que a pessoa sinta todo seu amor e ternura num olhar sincero. Um sentimento real de um "eu amo você" transmite uma energia e eleva o nível vibracional, gerando uma egrégora que reverbera por todos que convivem na casa, principalmente os filhos, animais de estimação, seres minerais e vegetais... Sim, porque, num ambiente onde o carinho e o amor puro prosperam, tudo prospera.

7. Você decide. Hora das refeições, momento sagrado ou perda de tempo, uma escolha, um dominó: você engole o alimento enquanto olha para as mensagens e e-mails no seu celular, muitas vezes nem se dando ao luxo de se sentar à mesa para se alimentar; ou você compra qualquer coisa em uma conveniência e, enquanto dirige, engole aquele alimento, às pressas, como de hábito, na correria do dia a dia. Como se não bastasse se alimentar correndo, seu alimento é pobre em nutrientes. São dominós que derrubarão outros dominós, que derrubarão outros, e quando menos perceber estará com sobrepeso, saúde do corpo comprometida, "nosso bem mais precioso", fruto de uma alimentação desregrada. O que mais será necessário acontecer, para que você se dê conta de que absolutamente nada que você conquiste materialmente neste planeta será suficiente para pagar a cama mais cara do mundo, a cama de um hospital?

8. Mais uma escolha, um dominó, você decide: ao sentar-se à mesa, para alimentar-se, você coloca seu aparelho celular ao lado, fora do alcance do seu olhar, e se concentra enquanto mastiga e faz a deglutição do alimento em sua boca, fechando os olhos para reduzir as distrações, pondo-se consciente, notando o corpo e os movimentos e mentalmente agradecendo aquele alimento que está se doando para que o corpo físico tenha energia, tenha vida.

Você escolhe alimentos ricos em água e nutrientes necessários para uma alimentação saudável, com verduras, legumes, frutas, peixes de água doce ou frutos do mar etc. Você decide, uma escolha, um dominó. Como se não bastasse ter o hábito de fazer uma alimentação saudável, você também se ocupa com o alimento necessário para o corpo emocional e espiritual, dedicando um tempo diário para meditação, oração, mantras, estar em contato com a natureza, tempo para família e um tempo só seu, para estar em contato com você mesmo. Como consequência, você se torna um ser mais humano, próspero, mais equilibrado emocionalmente, rico em gratidão, generosidade, respeito, compreensão com tudo e todos que o cercam. Você floresce e evolui alcançando um profundo estado de quietude e paz interior.

9. Sua mãe, que mora em outra cidade, liga pela manhã e diz que o seu pai está se queixando de um "inchaço" em determinada parte do corpo... Uma reação, um dominó, uma escolha: você logo pensa que pode ser um tumor, e que pode ser maligno. Com a mente tomada por preocupações, você decide viajar até a cidade onde seus pais residem. Outra escolha, um dominó: ao receber a ligação da sua mãe, você respira fundo, com aquela confiança de quem costuma perceber a vida de uma forma positiva, pensa rapidamente no que dizer para amenizar a situação. Com o objetivo de mudar o foco da conversa, procura nutrir os pensamentos da mãe com reforços positivos, lembrando quanto o papai é forte, sempre saudável, brincalhão... e que não deve passar de um pequeno tumor; caso seja, que este será benigno. Para deixar a mãe ainda mais aliviada, diz que, desligando o telefone, já vai ligar para uma clínica especializada, para marcar a consulta e que em seguida vai viajar para encontrá-los na clínica.

10. Vamos lá, mais um dominó, mais uma escolha: você não se deu conta disto, mas desenvolveu um padrão de comportamento, consequência do hábito de estar sempre se comparando, julgando e avaliando as pessoas e circunstâncias, e sentenciando como boas ou más, corretas ou incorretas, certo ou errado, sempre querendo impor sua opinião – são dominós sendo derrubados e que terão como consequência uma vida agitada por conflitos interiores e ausência de paz. Outra escolha, um dominó: escolhi renunciar

a necessidade de julgar, avaliar e me comparar com as pessoas e circunstâncias, e você não faz ideia do que ganhei com esses novos hábitos... com mais serenidade ao lidar com as situações na minha vida, voltei a perceber minha vida mais leve e repleta de infinitas possibilidades, voltei a me reconectar com a minha essência, com o meu eu superior.

A vida é repleta de escolhas, mas, para exercer bem esse poder, você precisa estar dentro de si, num estado de equanimidade, equilíbrio e serenidade: não importando o que aconteça, você vai fazer disso uma possibilidade. Não temos o domínio do que a vida vai nos apresentar, mas como lidaremos, o que faremos, com essa situação será 100% nossa responsabilidade. Muito comum, ao não termos habilidade ou competência para lidar com uma situação, chamarmos isso de problema, e mais comum ainda termos a tendência em nos colocarmos como vítimas da situação, esquecendo-nos, na maioria das vezes, de que o universo está nos dando uma resposta ou um retorno de escolhas que fizemos, estando conscientes disso ou não.

A escolha pela prosperidade o fará mais próspero. As escolhas pela paz atrairão mais situações de paz. Em contrapartida, as escolhas que geram desconforto e sentimentos negativos terão como consequências efeitos semelhantes, portanto procure estar atento às escolhas diárias que até então eram inconscientes e, sempre que possível, tragam-nas para a consciência.

11. Mais uma escolha, habitual ou voluntária, um dominó: você acessa suas redes sociais e, olhando o fluxo dos conteúdos postados, nota que uma pessoa que você considera muito influente, com milhões de seguidores, inclusive você, acaba de postar um vídeo nas redes sociais. Lúcido, mas tomado pela curiosidade, você resolve assistir ao vídeo, mas fica perplexo com o tom do discurso usado, convidando as pessoas a saírem às ruas para protestar contra um caso de agressão ocorrido naquele dia numa das capitais do Sul do país. Refletindo sobre o que acabou de ver e ouvir, você decide como quer se sentir e, com o coração tomado por compaixão, vibra amor, fortaleza, temperança, equilíbrio, para os familiares das vítimas e dos envolvidos no ocorrido, consciente de que elevar a consciência humana, transformar seres humanos em seres mais conscientes e sensíveis a todas as vidas não se consegue lutando nas ruas. Você escolhe ocupar essa posição a sair para protestar ou sentir raiva, ódio, tristeza, dó, pena de alguém porque compreende

que, se agisse assim, não estaria ajudando a diminuir a violência no mundo; e o que é pior: estaria vibrando num nível de energia e emoção autodestrutivo.

Quantos dominós você derruba por dia? Segundo estimativas publicadas pelo *The Wall Street Journal*, tomamos, em média, 35 mil decisões por dia.

Você tem ideia do poder e do impacto das consequências de cada escolha que você faz?

Onde todas essas escolhas e decisões nascem? Do desejo de mudança? Dos projetos de vida? Dos sonhos? Da curiosidade pelo novo, pelo diferente, pela vida? Do sentimento de esperança? Dos pensamentos ruidosos? De uma mente turbulenta? Das reações instintivas e compulsivas? Das respostas às provocações da vida? Da forma como eu lido com as situações e experiências diárias? Do silêncio do meu eu interior sintonizado e conectado com o eu superior? Da profundidade da minha essência? Da reflexão necessária para assimilação de conhecimento?

QUAIS CRITÉRIOS UTILIZO AO FAZER MINHAS ESCOLHAS E TOMAR MINHAS DECISÕES?

Princípios, Crenças, Valores, Virtudes, Regras, Missão, Visão, Propósito

Qual dessas estruturas, têm determinado, comandado e fundamentado as minhas escolhas e decisões?

Princípios: o início de tudo; são fundamentos absolutos, imutáveis e inegociáveis.

Valores: tudo que é importante para mim; é a base, são fundamentos, no entanto são negociáveis, eu abro mão deles, às vezes, para entrar em harmonia com a cultura local.

Muitas vezes, encontramos pessoas com dúvidas sobre a diferença entre princípios e valores. Sendo assim, para que fique mais compreensível a diferença e não façamos confusão ao tomar decisões e fazer escolhas, vou dar um exemplo: suponhamos que você tenha a lealdade como um princípio em sua vida. Você trabalha em uma empresa de renome nacional e é convidado para uma confraternização anual para celebrar junto com demais executivos da empresa, os excelentes resultados em vendas ao longo do ano. Imagine que vocês estão reunidos em uma mesa em um belíssimo restaurante, apreciando um delicioso jantar, e um de seus colegas apresenta uma brilhante ideia fazendo o seguinte comentário – pessoal, tem um lugar novo que abriu na cidade, que vocês precisam conhecer. Pensei em a gente ir lá, nos divertir um pouco, afinal tivemos um ano repleto de desafios, e vamos e convenhamos, ninguém é de ferro. Já entendendo do que se tratava a brilhante ideia deste animado colega, os demais já ficaram curiosos e demonstram interesse em conhecer o famoso local que abriu na cidade. Quando começam a se movimentar para sair, você se mantém imóvel na cadeira, o que chama a atenção de todos. Eles se acomodam, contrariados, e se voltam para ouvir o que você tem a dizer. - Eu agradeço o convite de vocês, mas para mim, esta situação é muito simples. Neste momento, enquanto estamos aqui celebrando nossas merecidas conquistas, tem uma pessoa lá em casa, cuidando de tudo o que considero importante numa família – da casa, dos cachorros, dos gatos, do jardim - torcendo para que tudo esteja bem comigo e compartilhando da nossa felicidade por termos tido tamanho sucesso nos negócios, e aguardando uma ligação minha de "boa noite" para que possa adormecer e desfrutar de uma boa noite de sono. Se eu for neste local com vocês e trair a confiança dessa pessoa que compartilha um vida em família comigo, eu serei capaz de trair a confiança do meu superior na empresa, dos meus colegas etc., é isso que vocês querem de mim?

Onde entram os princípios e onde entram os valores nessa história? Você estabeleceu a fidelidade, a sinceridade, como princípio na sua vida, ou seja, você não negocia. Mesmo diante de situações que venham a provocar os seus instintos e desejos, afinal "ninguém é de ferro", como disse seu colega de trabalho, você tem domínio sobre seus impulsos e suas emoções e se mantém fiel aos seus princípios.

Ficou clara a diferença entre escolhas que são fundamentadas nos valores e escolhas que são fundamentadas por princípios?

Mas você pode questionar o seguinte: O que é certo e o que é errado? Não estou aqui para julgar o que é correto ou não, criticar o adultério ou fazer apologia à fidelidade. Estou procurando demonstrar, dependendo das escolhas que você faz, o que fundamenta essas escolhas. Quanto às consequências, cada um que se responsabilize pelo que vai colher, com base no que semeou, nas escolhas que fez, no entanto, se você quer saber se está no caminho certo ou no caminho errado, isso depende das escolhas e decisões tomadas ao longo da jornada e de aonde você quer chegar, considerando que somos seres em construção.

Se você não tem uma identidade definida, tampouco sabe aonde quer chegar, vivendo uma vida sem propósito ou missão, sem um sentido de vida, como então fazer escolhas assertivas e coerentes entre as inúmeras opções que a vida lhe oferece?

Se eu não sei aonde quero ir, qualquer caminho serve.
Lewis Carroll

Nesse exemplo, o executivo que se posicionou contrário à escolha da maioria, inclusive diante dos seus superiores hierárquicos, aparenta ter uma identidade clarificada e uma hierarquia de valores e princípios bem definidos.

O que esse executivo considera um valor e, portanto, negocia? As férias. Ele dá muito valor às férias e as considera muito importante, mas aceita negociar com seus superiores o mês que for mais favorável para a empresa.

Ficou claro para você qual é a diferença entre escolhas motivadas e fundamentadas em princípios e escolhas baseadas nos valores?

Proponho que você faça um exercício anotando tudo que considera importante na sua vida, depois defina uma hierarquia desses valores. Como sugestão, eu proponho que se pergunte: Do que eu jamais abriria mão e o que eu aceito negociar?

Tenha bem claro na sua vida aonde quer chegar, quais os fundamentos, a base, deste ser humano em construção, para que suas escolhas sejam mais conscientes, mais coerentes e congruentes.

Muitas pessoas também fazem confusão entre escolhas fundamentadas em princípios e escolhas motivadas por regras. Você sabe qual é a diferença?

Regras: normas e preceitos impostos como um padrão. Quando você abrir mão ou quebrar algum princípio, você passará a viver por regras e, nos casos de descumprimento dessas regras, estará se submetendo às penalidades e sanções. Vou compartilhar uma experiência recente, quando tive que fazer autoescola para renovar minha carteira de habilitação.

Você sabe o que, normalmente, é ensinado numa autoescola? Se pensou em "regras" de trânsito, acertou.

Será que o fato de sermos um país campeão em acidentes e mortes no trânsito não sinaliza que deveríamos ter como fundamento de educação no trânsito uma formação que priorize os princípios e depois a aplicação das regras para quem quebrar esses princípios? Um exemplo prático é a falta de manutenção preventiva e, muitas vezes, até corretiva no veículo, o que poderá gerar multas e acidentes. Se você vive por regras, vai esperar ser multado ou, na pior das hipóteses, provocar um acidente por falta de manutenção nos pneus, por exemplo. Nesse caso, se você vive por princípios, terá uma compreensão maior e um entendimento de que o veículo está ali para servir você, e que essa relação deve ser fundamentada em valores como: atenção, capricho, cuidado, carinho, zelo, amor etc. Uma relação cultivada por esses valores será governada por princípios, e não por regras.

Você não escolhe fazer a manutenção para fugir das multas, você decide fazer manutenção no carro para preservar vidas.

Outro exemplo prático que noto constantemente aqui no trânsito de Florianópolis, principalmente nas rodovias estaduais, são aqueles motoristas apressadinhos que "colam" o veículo na traseira do carro da frente, forçando uma ultrapassagem, muitas vezes impossibilitada por ainda haver outro veículo à direita deste. Se minha escolha for governar a minha vida quebrando princípios universais e seguindo regras, vou agir para dar uma "liçãozinha" no motorista da frente, afinal, pela regra, veículos mais lentos devem trafegar pela pista da direita. Mas, se minha escolha for viver por princípios, e alguns dos princípios universais que fundamentam minhas escolhas são o Princípio do Direito a Vida, da Liberdade, do Respeito, da Paz, da Dignidade Humana, eu sinalizo a minha intenção em ultrapassar o veículo da frente, aguardo numa distância de segurança até que o motorista finalize a ultrapassagem do outro veículo e ceda a passagem. Quando o movimento de veículos está intenso, eu simplesmente sigo o fluxo ou, se tenho um compromisso com horário marcado, me programo para sair mais cedo em direção ao meu destino.

Para apurar nosso entendimento, vamos ilustrar com outro exemplo prático: imagine que você está ingressando no colegial ou resolve fazer um curso preparatório para vestibular. O que lhe desperta maior interesse: os critérios para que você passe de ano, "nota média" ou quais disciplinas farão parte do seu ano letivo ou curso e o que você vai aprender? Quem faz a escolha de estudar para passar de ano preocupado ou preocupada em tirar a nota média, vive por regras, portanto, se deixar de cumpri-las, estarão sujeitos às penalidades e sanções cabíveis. Mas quem escolhe estudar se ocupando e interessado ou interessada no que vai aprender ou no que é útil aprender naquele curso ou escola, que venha a agregar na sua formação, que venha a pavimentar ainda mais o caminho que dá sentido a sua vida, vive por princípios.

Só é útil o conhecimento que nos torna seres humanos melhores.

Sócrates

Fazendo uma reflexão a respeito, damo-nos conta de que fomos educados, desde a infância, na maioria das vezes, a fazermos escolhas seguindo as regras. Nem sempre, acredito que por desconhecimento ou falta de preparo, fomos orientados quanto aos princípios que regem o universo, aos princípios que regem e fundamentam uma convivência pacífica e harmoniosa com a natureza, com toda espécie da vida, sendo ela mineral, vegetal ou animal.

A forma como nos relacionamos com a fonte da vida, a natureza que nos cerca e nos provê de todos os recursos essenciais à nossa permanência neste plano, demonstra nosso total despreparo com relação à vivência por princípios versus regras.

Você é um ser humano que governa sua vida fazendo escolhas e tomando decisões orientadas por regras ou fundamentas por princípios?

Quando você anda por princípios, não precisa se obrigar a seguir as regras de ninguém que não estejam alinhadas a esses princípios. Você se sentirá verdadeiramente livre para fazer as suas escolhas de forma consciente.

Crenças: profecias autorrealizáveis. São convicções, pressuposições, são suas verdades subjetivas que dão sentido a suas escolhas e decisões.

As crenças representam uma das estruturas mais importantes do comportamento. Quando realmente acreditamos em algo, nos comportamos de maneira congruente com esta crença. Existem vários tipos de crenças que precisam estar em seu devido lugar, para que a pessoa possa atingir o objetivo desejado.

Robert Dilts

Você tem consciência de quais bloqueios emocionais o impedem de fazer melhores escolhas? Já se deu conta do tamanho do seu crençário?

Nossas crenças são responsáveis por determinar e comandar nossas escolhas e decisões, entretanto, porque não estão num nível consciente, desconhecemos o que nos impede de avançarmos diante de determinadas situações, de evoluirmos quando somos desafiados pela vida, de mudarmos, tomarmos determinadas atitudes, decisões, escolhas. São as crenças limitantes.

Crenças limitantes, muitas delas alojadas numa estrutura profunda e inconsciente, nos impedem de fazer melhores escolha ou, dependendo do nível de bloqueio, nos impedem de fazermos escolhas simples, como subirmos uma escada com muitos degraus e olharmos lá de cima, andarmos de elevador, dirigirmos, falarmos em público, expormo-nos nas redes sociais, viajarmos de avião etc.

Para melhor compreensão do funcionamento do mecanismo que está por trás dessa complexa estrutura, imagine que seu corpo, tendo uma inteligência própria, faz tudo para sua autopreservação e boa forma, ou seja, todas as respostas que o corpo dá o faz porque entende que seja o melhor para você, no entanto, diante de determinadas situações, esse sistema conta com uma quantidade limitada de possibilidades de escolha.

Quando você, dando-se conta disso, volta ao fato gerador daquela crença, diria a representação ou significado dado ao fato, e faz a ressignificação, você amplia as opções e escolhas diante das inúmeras situações apresentadas pela vida, enriquecendo seu mapa, seu modelo de mundo.

Parece muito simples e mágico, e é. A mente humana é muito poderosa e, se devidamente governada, eleva nosso nível de consciência e percepção. É fantástico perceber a vida como uma dádiva, repleta de infinitas possibilidades. Acredite nisso e passará a tomar decisões e fazer escolhas fundamentadas em crenças fortalecedoras.

Isso justifica minha inspiração ao criar a série *Reaprendendo a Viver*, sendo este meu terceiro livro dessa série. Quando você se der conta de quão maravilhoso é o entendimento de que tudo começa e termina em você, que transbordar na vida de outros seres é a melhor maneira de florescer e cultivar os dons que recebe do Criador, não medirá esforços e dedicação para compartilhar seus aprendizados e experiências.

Virtudes: excelência construída ao longo da nossa vida, fazendo escolhas, tomando decisões, vivendo com disposição de fazer o bem.

As virtudes primárias são: Fortaleza, Temperança, Prudência e Justiça.

Ser forte diante das experiências da nossa jornada de vida, manter-se equilibrado e íntegro, prudente e justo, é uma escolha.

Como você escolheu viver a sua vida? Por quais virtudes suas escolhas e decisões se fundamentam?

Quando você faz escolhas motivadas pelo altruísmo, amor total, doação sem reservas, você pratica a linda e preciosa virtude da entrega, do colocar-se a serviço, assim como, se as escolhas e decisões de sua vida são limpas e retas, você pratica a virtude da harmonia em falar e agir.

Se você escolheu viver sem guardar mágoas, ressentimentos, ódio ou rejeição, você pratica as virtudes da tolerância e do perdão; desse modo, quando você escolhe viver tendo uma atitude de mordomo, emissário, que cuida, zela, administra tudo o que possui, mas ciente de que nada realmente lhe pertence, que nada disso vai levar consigo quando passar para uma nova vida, você vive segundo a virtude do desapego.

Quando, diante das experiências da vida, você dá seu máximo, escolhendo ser o melhor ser humano que puder ser, agindo com garra e energia, vencendo o egoísmo, sua virtude é captar, converter e canalizar essa energia que surge do espírito; dessa forma, quando você é capaz de acalmar sua mente, colocando-se diante da natureza, observando e olhando todas as coisas que estão a sua volta, com base nelas, e não de você, você pratica a virtude da contemplação. E, assim sendo, se você percebe a verdadeira essência de cada coisa, você pratica a compreensão perfeita.

Quais virtudes fundamentam suas escolhas e decisões?

Missão: o que você ama fazer e que lhe permite viver aquela agradável sensação de completude. É o que você faz que lhe permite fluir, acessar o estado de "flow" e se sentir realizado.

Fundamental que você tenha bem claro qual é a sua missão para que faça escolhas e tome decisões coerentes e alinhadas a ela. Uma missão clarificada vai o ajudar a tomar decisões e descobrir o seu propósito de vida, o que dá sentido a ela.

Muitas pessoas encontram dificuldades em identificar sua missão neste plano, e para mim faz sentido o entendimento de que todos nascemos com dons e que, em última instância, são infinitas possibilidades codificadas em nosso DNA, e que ao longo do nosso desenvolvimento como seres humanos – vivendo em harmonia e respeito às leis universais – vamos decodificando esses dons, florescendo e dando frutos, que metaforicamente gosto de chamar de talentos. Não confunda talento com fama: você pode muito bem ser alguém talentoso naquilo que faz – e existem milhões de pessoas assim –, alcançando níveis de excelência, e nem por isso ser famoso. Um exemplo é minha tia Elza, quando faz seus doces, ou minha mãe, quando fazia sua salada de tomate – como exclama um amigo meu quando degusta algo fabuloso: "Não tem no Brasil!"

Missão de vida é o que nos motiva e inspira a acordar todos os dias sabendo que estamos fazendo a diferença no mundo com a nossa presença e, assim, nos sentirmos seres humanos completos e realizados; no entanto, para que isso seja possível, é necessário que tenhamos ativado a nossa identidade.

Identidade: a maioria das pessoas se identificam com o que fazem, ou seja, definem sua identidade pelos papéis que exercem neste plano. Muito comum você ouvir as pessoas se apresentarem da seguinte maneira: "Eu sou José, bancário, filho do Seu João, marido da Dona Maria" etc. – costumo dizer que nesse caso não sou, eu estou...

O que fazemos ou temos não nos define. Somos um ser cósmico, de presença eterna e sem forma, que habita um corpo físico por um determinado tempo e espaço.

Quando nos identificamos com algo, apegamo-nos a ele, começando pelo corpo – eu não tenho um corpo, eu estou num corpo. Muitas escolhas e decisões que fazemos as fazemos por acreditar equivocadamente que vivemos para manter o corpo físico e as necessidades básicas e superficiais atendidas dentro das exigências de um ego insaciável e tirano.

A dor da perda se justifica por eu acreditar que eu tenho ou possuo algo. Quando compreendo que não tenho um corpo, não me apego e cuido dele como cuido de todas as coisas que gerencio, administro, como um "mordomo" que cuida de tudo como se fosse dele, com responsabilidade, com zelo, com todo amor e carinho, mas consciente de que tudo aquilo é efêmero e transitório e que um dia será deixado para trás.

Viver de acordo com a sua essência, com uma identidade, propósito e missão clarificados o empodera, torna-o invencível, imbatível, imparável.

Propósito: é o que dá sentido ao que eu faço; é a intenção por trás da ação do que fazemos. Temos um alvo: aonde queremos chegar. Uma missão: o que tenho que fazer para chegar lá, tornar-me, ter ou ser. E o propósito: o porquê de fazer o que eu faço.

Para melhor compreensão, trago uma ferramenta de autoconhecimento desenvolvida pelos japoneses e que alinha seus valores, expectativas, desejos e possibilidades: o **Ikigai**.

Figura 2 – Diagrama Ikigai

Fonte: psicólogo espanhol Andrés Zuzunaga (2011)

Ikigai é um conceito japonês que significa "uma razão para viver" ou ter um propósito na vida.

Encontre o seu Ikigai, primeiramente, respondendo às quatro seguintes perguntas.

a. O que eu amo fazer? (Escreva num papel tudo o que você ama fazer, seja o que for.)
b. O que faço bem? (Das atividades listadas, quais você faz muito bem?)
c. Pelo que eu posso ser pago? (O que amo fazer, faço muito bem e pelo que ainda posso ser remunerado?)
d. Do que o mundo precisa? (Vou contribuir para um mundo melhor com o que amo fazer, faço muito bem e ainda sou remunerado?)

Importante: ao responder a cada círculo, sempre utilize o "por quê?" Para se aprofundar nas reflexões e obter insumos que poderão ajudar a esclarecer dúvidas quanto às demais questões do diagrama.

Depois, entenda o que cada intercessão poderá representar, caso você não esteja alcançando o centro e onde ajustar e alinhar para alcançar o objetivo.

1. Confortável, mas sentimento de vazio.

2. Satisfação, mas sentimento de inutilidade.

3. Alegria e plenitude, mas sem prosperidade.

4. Entusiasmo e complacência, mas senso de incerteza.

Nosso propósito interior é despertar, tem a ver com o Ser, é primário. O propósito exterior, cada um tem o seu, é secundário, tem a ver com o fazer.
Eckhart Tolle

COMPETÊNCIAS NA GESTÃO DAS EMOÇÕES

O que tenho feito para me desenvolver e evoluir na competência da gestão das emoções?

A humanidade avançou muito cientificamente, mas, mesmo com tantos avanços tecnológicos e melhorias nos padrões de abrigo e conforto para o corpo físico, meios de transporte, medicina tradicional, infelizmente continuamos pouco competentes e preparados para lidar com emoções básicas, como a raiva, o medo exacerbado, a ansiedade, a frustração, a baixa autoestima, as mágoas, os ressentimentos etc.

Diante da incompetência em lidarmos com essas emoções e sentimentos, preferimos viver na ilusão de que tudo está bem, evitando aceitar, compreender e aprender com as experiências e circunstâncias, que, em sua grande maioria, são um convite ao próximo degrau do nosso processo evolutivo.

Criamos os chamados "amortecedores" para evitar o enfrentamento com aquele sentimento e, muitas vezes, para tornar nossa existência suportável neste plano, buscamos alívios externos na comida, na bebida, no sexo, no poder, nas drogas, ou seja, nos prazeres que têm origem na dor, mas que, infelizmente, terminam na dor.

Precisamos compreender que a infelicidade que você pode estar sentindo está acontecendo compulsivamente, e não conscientemente. Se você tivesse que escolher conscientemente entre viver sofrendo e viver feliz e de bem com a vida, escolheria continuar sofrendo?

Agora o que é mais incrível: você sabia que você tem todos os recursos necessários para conseguir o resultado que você quiser? Que este negócio de ser humano superior ou inferior é um condicionamento alimentado pelo ego, de uma necessidade de competição, de comparação? Comparação existe para coisas. Somos seres únicos, e cada ser humano está em seu nível de consciência e evolução, fazendo o melhor que pode utilizando os recursos que consegue ativar, pondo-se no estado emocional em que se encontra naquele momento.

Dependendo do seu estado emocional, que determina seu nível de vibração de energia, você estará acessando um campo "rico ou pobre" de recursos.

O que difere um ser humano que consegue ter êxito em seus objetivos daquele que ainda não está conseguindo é a forma com que cada um organiza esses recursos dentro de si, como canaliza a energia de suas emoções, como estrutura esse poder pessoal que todos temos, mas que a maioria tem em potencial, mas infelizmente não tem consciência de que tem e, portanto, não ativa. É como passar fome num restaurante tendo dinheiro no bolso, mas não tendo consciência disso, ou seja, dinheiro inconsciente não paga conta: faz sentido?

Você sabia que uma pedra de carvão e uma pedra de diamante são compostas do mesmo material, moléculas de carbono? Então como explicar que a pedra de carvão é tão frágil, quebradiça e se esfarela com o menor impacto e a pedra de diamante é tão forte e se mantém firme diante de grandes impactos? A forma como essas moléculas estão organizadas em seu interior. É a natureza mais uma vez nos dando lições sábias, ensinando-nos; basta que contemplemos, que tenhamos a compreensão e disposição necessárias para aprender.

Como elevar minha competência na gestão das emoções negativas?

Primeiro precisamos compreender que emoções que consideramos negativas, como a ansiedade, o medo, o estresse, a raiva, são respostas a uma percepção de aparente ameaça iminente. Exemplo: você está voltando para casa, do colégio ou de algum compromisso social, caminhando, e já é noite. Faltando duas quadras para chegar ao seu destino, você avista alguns vultos de pessoas à distância, aparentemente com as mãos nos bolsos e usando agasalhos, vindo na sua direção.

Em questão de segundos o seu sistema inconsciente e primitivo de defesa avalia como possível ameaça real ou potencial, e a amígdala cortical, localizada no sistema límbico, em seu cérebro, desencadeia uma cascata de hormônios do estresse (adrenalina e cortisol), que aceleram o ritmo cardíaco e aumentam a pressão sanguínea, tensionando os músculos e aumentando o foco, aumentando o consumo de oxigênio, acelerando a respiração, preparando o corpo para lutar ou escapar de alguma possível situação. Respostas essas consideradas normais, se a ameaça for real.

Mas essas respostas passam a ser problemáticas quando se manifestam em situações em que a ameaça é apenas imaginária, quando os sintomas são em excesso ou sem mantêm por longos períodos. Exemplo do medo, que é uma das emoções que geram ansiedade, quando provoca preocupações com um perigo que muitas vezes não tem motivo real.

Como lidamos com o processo de pensamentos gerados em nossa mente inconsciente e que tem sido o causador de tanta infelicidade?

Exemplo: imagine uma fila, seja no aeroporto, seja no supermercado ou no tradicional congestionamento que acontece no trânsito em determinados horários. Facilmente as pessoas ficam irritadas, algumas ficam furiosas, outras chateadas em situações assim.

Vamos refletir juntos: as pessoas estão chateadas e irritadas por causa da situação, nesse caso em específico por causa das filas, ou estão se sentindo infelizes porque a mente está dizendo que estar numa fila não é bom ou que ficar numa fila é perda de tempo, que elas não deveriam ficar naquela fila? Ela diz muitas coisas, a nossa mente é "tagarela". Quando as pessoas se derem conta disso, estarão mais alertas e conscientes e uma gama maior de opções de escolhas vai aparecer: "Será que quero continuar tendo estes pensamentos e me sentir infeliz, ou prefiro me livrar desse sentimento nesta situação?"

Qual percentual, entre as milhares de escolhas diárias, é voluntário e consciente e qual percentual é inconsciente ou habitual?

Pelas estimativas dos especialistas, a consciência ocupa no máximo 5% do cérebro. O restante, 95%, é o reino do inconsciente.

Ficou perplexo ou perplexa com essa afirmação?

Para você ter uma ideia, se você verbalizasse a resposta a minha pergunta, não precisaria selecionar conscientemente as palavras – ao pensar no que vai dizer, automaticamente surgem as palavras. Você decide o que quer falar, mas a escolha das palavras que vai usar é do seu inconsciente.

> Muito do que você faz, o tempo inteiro, é inconsciente. Falar, por exemplo. Você simplesmente pensa no que quer dizer (as ideias), e não precisa selecionar conscientemente as palavras – elas simplesmente aparecem. Isso acontece porque o seu inconsciente trabalha nos bastidores durante o papo, vasculhando o seu vocabulário e abastecendo o consciente para ajudar você a se expressar. Enquanto você escuta outra pessoa falar, acontece algo parecido. Você não precisa analisar e decodificar conscientemente cada palavra do que ela está dizendo – porque o seu inconsciente se encarrega de transformar em ideias os sons que estão saindo da boca dela. Quando você lê um texto, é a mesma coisa: o inconsciente transforma automaticamente os símbolos gráficos (as letras e palavras) da página em ideias, que só então são transmitidas para a sua consciência. É por isso que é tão difícil aprender outro idioma. Quando você começa a falar ou ler textos em outra língua, só usa a consciência – porque o inconsciente ainda não assumiu a tarefa, e você tem de escolher ou analisar as palavras uma por uma.

> Falar outro idioma é quase experimentar ser outra pessoa. Precisamos reunir os sentidos usando outra lógica, diz Luiza Surreaux, doutora em estudos da linguagem e professora da Universidade Federal do Rio Grande do Sul (UFRGS).[2]

Até você se tornar consciente, o inconsciente irá dirigir sua vida, e você vai chamá-lo de destino.

Carl Gustav Jung

Não se assuste, fascine-se; vamos lhe apresentar a esse estranho que existe em você, que com certeza está no controle de grande parte do que você faz, inclusive das escolhas e decisões, sem que você se dê conta disso.

Alerta: esse estranho é facilmente manipulável e influenciável... muitos líderes políticos, religiosos, empresariais, educadores, comunicadores,

---

[2] SILVA, Lisboa; GARATTONI, Bruno. O mundo secreto do inconsciente. **Superinteressante**. 2018. Disponível em: https://super.abril.com.br/ciencia/o-mundo-secreto-do-inconsciente/ Acesso em: 29 jan. 2021.

agências de publicidade e propaganda, marketing etc. sabem disso. Também temos a tendência de assimilar as crenças e os padrões limitantes das pessoas com quem nos relacionamos e dos ambientes que costumeiramente frequentamos. Esses padrões se convertem em parte de nossa mente inconsciente, ou seja, permitimos que ela seja programada por outros. Mas a boa notícia é que podemos reprogramar nossos condicionamentos do passado, começando por nos desprender de toda negatividade, relacionando-nos com pessoas mais conscientes, que despertam o que há de melhor em nós e nos inspiram a sermos seres humanos mais evoluídos.

Segundo a neurociência, cada novo pensamento que temos, cada nova decisão que tomamos, cada nova escolha que fazemos, cada novo comportamento que demonstramos, cada nova experiência que temos, cada nova emoção que acolhemos provoca mudanças biológicas e físicas no nosso cérebro.

> O americano Leonard Mlodinov, doutor em física e matemática, autor dos best-sellers *"O Andar do Bêbado"* e *"Uma Nova História do Tempo"* – esse em parceria com Stephen Hawking. Em seu mais recente livro *"Subliminar"*[3] – reúne dezenas de experimentos para comprovar que somos comandados por dois cérebros: o consciente, que responde por 5% da capacidade cognitiva, e o inconsciente, que dá conta dos outros 95%. Os dois cérebros atuam juntos para garantir desde a mais básica sobrevivência até a escolha de um bom vinho. Em entrevista à *Folha de S. Paulo*, o autor explica como aquilo que não percebemos afeta as nossas escolhas.

> Para a maioria dos mortais, é difícil admitir que o inconsciente esteja no comando. *"Somos tão frágeis que* precisamos inventar justificativas lógicas para as escolhas", afirma o analista junguiano Roberto Gambini, de São Paulo.

> Os seres humanos também desempenham inúmeros comportamentos automáticos, inconscientes, mas tendem a não perceber isso porque a interação entre nossa mente inconsciente e a consciente é muito complexa. Essa complexidade tem raiz na fisiologia do nosso cérebro. Como mamíferos, possuímos outras camadas de córtex erigidas sobre a base do cérebro reptiliano mais primitivo; e, como homens, temos ainda mais matéria cerebral por cima. Possuímos uma mente inconsciente e, superposta a ela, um cérebro consciente.

---

[3] MLODINOW, Leonard. **Subliminar:** como o inconsciente influencia as nossas vidas. [S. l.]: Editora Zahar, 2014.

Quanto de nossos sentimentos, juízos e comportamentos se devem a cada uma dessas estruturas é muito difícil de saber, pois estamos sempre alternando entre as duas. Numa manhã qualquer, por exemplo, queremos parar no posto do correio a caminho do trabalho, mas, na encruzilhada, viramos à direita, em direção ao escritório, porque estamos atuando no piloto automático – ou seja, agindo de modo inconsciente.

Depois, ao tentar explicar ao guarda de trânsito por que viramos numa esquina proibida, nossa mente consciente calcula a melhor desculpa, enquanto o piloto automático inconsciente cuida no uso adequado dos gerúndios, subjuntivos e artigos indefinidos para que nosso discurso seja expresso em boa forma gramatical.

Se nos pedir para sair do carro, instintivamente nos posicionamos a cerca de um metro do guarda; porém, se estivermos conversando com amigos, automaticamente ajustamos a separação para meio metro. A maioria de nós segue essas regras não explícitas de distância interpessoal sem jamais pensar a respeito, e nos sentimos desconfortáveis quando elas são violadas.

Quando prestamos atenção, é fácil aceitar muitos de nossos comportamentos mais simples – a exemplo de virar à direita – como algo automático. A grande questão é até que ponto comportamentos mais complexos e substantivos, com grande potencial de impacto sobre nossa vida, são também automáticos – mesmo quando temos certeza de que são racionais e muito bem avaliados.

De que forma nosso inconsciente afeta nossa atitude em questões como: qual casa devo comprar? Que ações devo vender? Será que devo contratar essa pessoa para cuidar do meu filho? Será que esses olhos azuis brilhantes que não consigo deixar de olhar são base suficiente para uma relação de amor duradoura? Se já é difícil reconhecer comportamentos automáticos nos animais, imagine reconhecer atitudes habituais em nós mesmos.[4]

Você já deve ter se dado conta, mesmo não tendo lido o meu primeiro livro, *O que te Impede de Viver Feliz?*, de que sou apaixonado pelo autoconhecimento, um curioso buscador da compreensão de como funcionamos.

---

[4] COSTA, Fernando Nogueira da. Subliminar. **Blog Cidadania e Cultura**. 2013. Disponível em: https://fernandonogueiracosta.wordpress.com/2013/04/13/subliminar/. Acesso em: 26 jan. 2021.

Em respeito aos autores, procuro, sempre que possível, citar a origem dos dados registrados nos meus livros, até como referencial, caso você também esteja com intenção de buscar mais informações sobre aquele tema citado. Minha intenção é ampliar suas opções de escolha.

Sobre nosso nível de autonomia para fazer as escolhas que fazemos, considero importante registrar uma definição de consciente e inconsciente de profissionais que atuam diretamente nessa área e, com base na minha formação em programação neurolinguística (PNL), trazer alguns princípios, pressupostos e convicções sobre o misterioso mundo secreto do nosso inconsciente, com objetivo de nos aprofundarmos neste importante assunto.

Consciente

O nível consciente nada mais é do que tudo aquilo do que estamos conscientes no momento, no agora. Ele corresponderia à menor parte da mente humana. Nele está tudo aquilo que podemos perceber e acessar de forma intencional. Outro aspecto importante é que o consciente funciona de acordo com as regras sociais, respeitando tempo e espaço. Isso significa que é por meio dele que se dá a nossa relação com o mundo externo. O consciente seria, portanto, a nossa capacidade de perceber e controlar o nosso conteúdo mental. Apenas aquela parte de nosso conteúdo mental presente no nível consciente é que pode ser percebida e controlada por nós.

Inconsciente

O inconsciente é regido pelas próprias leis, além de ser atemporal: não existem as noções de tempo e espaço nesse nível psíquico, ou seja, o inconsciente não identifica cronologia nos fatos, nas experiências ou nas memórias. É ele, também, o principal responsável pela formação da nossa personalidade.[5]

Diante dos estudos e experimentos dos cientistas, estimamos então que 95% das nossas escolhas, ações e decisões diárias não se baseiam no raciocínio lógico; são tomadas de forma inconsciente e provavelmente obedecem a estímulos instintivos, intuitivos e emocionais, ou seja, originam-se em áreas primitivas e não conscientes do nosso cérebro.

Isso demonstra que a sua e a minha decisão, a escolha em investir e se dedicar ao autoconhecimento, entender como funcionamos, meta-

---

[5] Equipe Psicanálise Clínica. Diferenças - Consciente, Pré-consciente e Inconsciente. **Psicanálise Clínica.** 2017. Disponível em: https://www.psicanaliseclinica.com/consciente-pre-consciente-e-inconsciente/. Acesso em: 27 jan. 2021.

foricamente "ler o manual do usuário" desse instrumento maravilhoso e, ao mesmo tempo, misterioso, foi acertada. Como buscadores e exploradores que somos, já que 95% das nossas escolhas, ações e decisões são tomadas por ela, vamos entender um pouco mais sobre esse maravilhoso e misterioso instrumento.

PRINCIPAIS FUNÇÕES DA MENTE INCONSCIENTE

1. Armazena memórias de forma cronológica e atemporal.

2. É o terreno das emoções.

3. Organiza as emoções na "linha do tempo" e nas "gestalt".

4. Reprime memórias portadoras de emoções negativas não solucionadas, como proteção.

5. Apresenta memórias reprimidas para resolução (racionalidade e liberação das emoções negativas).

6. Dirige o corpo (tem um modelo exato de todas as funções e da saúde perfeita), no Eu superior.

7. Protege e preserva o corpo na sua integridade física.

8. É um ente altamente moral (a moralidade que lhe foi ensinada e aceita).

9. Gosta de servir, obedece a ordens e instruções claras e específicas.

10. Controla e armazena todas as percepções, regulares e também, segundo alguns, telepáticas e as transmite para a mente consciente.

11. Gera, transforma, armazena, conduz e espalha "energias".

12. Reage pelo instinto, pela intuição e pelo hábito.

13. Necessita de repetição até que um hábito se instale.

14. É programada para procurar incessantemente mais possibilidades, perseguir mais e melhores resultados.

15. Funciona da melhor forma quando é uma unidade inteira e integrada; não precisa de "partes" para funcionar.

16. Utiliza símbolos e reage por meio de símbolos.

17. Assume tudo de forma pessoal – a base da percepção é a projeção.

18. Funciona pelo princípio da resistência mínima – caminho do menor esforço.

19. Não processa informações negativas.

20. Faz associações (conecta coisas e ideias semelhantes) e aprende rápido.

A infinita inteligência criadora da minha mente inconsciente sabe o que é melhor para mim. Sua tendência é sempre para a vida e vai me revelar a decisão correta, que me beneficia e a todos.

Joseph Murphy

Fascinante! Quando fechamos os olhos e o consciente repousa, ela, a mente inconsciente, continua em ação, armazenando todas as informações que os demais órgãos sensoriais do corpo continuam recebendo, enquanto dormimos. Isso explica por que muitas vezes, enquanto sonhamos, de repente ouvimos um som de buzina ou som de um aparelho celular e, despertando repentinamente, nos damos conta de que de fato havia alguém ou alguma coisa provocando aqueles ruídos. Isso também explica o porquê de pessoas sonâmbulas não se ferirem ao manusear coisas, andar pela casa, subir e descer escadas, enquanto dormem. Realmente fascinante! Quanto mais conheço sobre como funcionamos, mais maravilhado eu fico.

Outro entendimento que considero superimportante, a mente inconsciente, responsável por 95% das nossas ações, decisões, escolhas, não questiona ordens, ela simplesmente acata; portanto, está explicada a origem da Lei do Retorno, embora ela seja a moradia do arquétipo Sábio, nosso Eu superior, ela é altamente sugestionável e simplesmente faz o que conscientemente, ou sem nos darmos conta, ordenamos. Isso comprova a metáfora de que a vida é um espelho e de que muitas vezes não sabemos como pedir. Senão vejamos, se nossa mente inconsciente não processa informações negativas, você já se deu conta de que temos a tendência de formular frases, definir objetivos no negativo? Acredito que seja resultado de quanto ouvimos a palavra "não" durante a formação da nossa personalidade; infelizmente, por desconhecimento, despreparo dos nossos educadores, fomos bombardeados por sugestões negativas – "Não faça isso", "Não fale com estranhos", "Não aceite presentes de estranhos", "Não se preocupe", "Eu não quero pensar nisso agora", "Você, não me irrite, meu filho", "Não quero mais sofrer pensando nisso", "Não vou mais mentir para você, meu amor", "Não tenha medo". Quase sempre, pensamos no que não queremos, e geralmente o que acontece? Acabamos fazendo o que não queremos porque fazemos o que pensamos na nossa mente.

Fez sentido para você? É simples, se queremos melhores resultados das escolhas, ações, decisões que estamos tomando, temos que saber operar corretamente esse instrumento fabuloso – nossa mente –, começando por mudar como nos comunicamos e pensamos, afinal o pensamento precede nossas emoções, nossos sentimentos e nosso comportamento. Nossa mente é um instrumento maravilhoso, fonte de tudo o que criamos e cocriamos, resultado de milênios de evolução, mas está sendo operada equivocadamente, e todo poder pode ser perigoso, se empregado da maneira errada.

Mude seus pensamentos e mude seu mundo.

Norman Vincent Peale

Sendo assim, a primeira chave para termos melhores resultados das nossas ações, decisões, escolhas é nos policiarmos, ficarmos vigilantes, alertas, atentos quanto aos nossos pensamentos.

OBSERVAI VOSSOS PENSAMENTOS

Vigie seus pensamentos; eles se tornam palavras. Vigie suas palavras; elas se tornam ações. Vigie suas ações; elas se tornam hábitos. Vigie seus hábitos; eles formam seu caráter. Vigie seu caráter; ele se torna seu destino.

Frank Outlaw

Acredite, nossa situação de vida não é fruto do acaso ou do destino, e sim dos nossos pensamentos, das nossas decisões e escolhas. Nossos pensamentos simplesmente acontecem, não temos controle algum sobre eles, assim como não temos controle algum sobre nossa respiração, sobre nossos batimentos cardíacos. Nosso corpo físico tem uma inteligência própria, no entanto nosso corpo físico não cria. Toda obra e criação tem origem na mente humana, portanto todo segredo para conseguirmos tudo o que desejamos está em entendermos como a mente poderosa funciona, em estudarmos o manual do usuário.

No meu primeiro livro, *O que te Impede de Viver Feliz?*[6], no primeiro capítulo, detalho esse assunto de forma bastante didática, como nos colocarmos num estado de presença, o segredo da respiração, relaxamento, meditação consciente etc. Mas vamos voltar a alguns tópicos importantes para esse assunto no Capítulo 2 deste livro – "Automatismos".

O grande desafio é estarmos por inteiro, onde quer que estejamos. Sei que não é fácil, uma vez que nossa mente parece ter vida própria. Você mal desperta pela manhã e sua mente se agita produzindo pensamentos que vão de um lado para o outro, viajando para o passado, despertando emoções e sentimentos ou divagando para o futuro.

Importante nos darmos conta disso e ficarmos atentos e vigilantes, pois, sem mesmo termos nos movido fisicamente da cama, quando nossa mente consciente desperta, somos inundados por um turbilhão de pensamentos, muitas vezes negativos – tirando-nos do aqui e agora, da lucidez e presença que se faz tão importante nas primeiras horas do dia –, para que tenhamos um dia saudável e produtivo.

Coloque-se no aqui e no agora: Reduza o quanto possa as "viagens no tempo" (do passado para o futuro e vice-versa), com que você gasta uma energia preciosa que você precisa para a sua metamorfose. Em sua vida diária, desengancha-te dessa droga chamada futuro que dirige para amanhã a felicidade e a liberdade que você pode desfrutar hoje e, cada vez mais, se concentre no momento presente: quando mastigar nas refeições, quando escovar os dentes, andando pelas ruas, dirigindo...

Matías de Stefano

O mais interessante é que nossa mente consciente produz em média mais de 70 mil pensamentos por dia. Mais interessante ainda é que, em média, 80% desses pensamentos são repetidos; e, para "ajudar", a maioria deles é nociva – você sabia disso?

Você já deu conta de que, assim como sua mente acessa memórias de dor, despertando pensamentos negativos, sensações e sentimentos como tristeza, raiva, rancor, mágoas, ressentimentos, também pode acessar memórias de momentos felizes, despertando pensamentos positivos, que nos tragam o sentimento de alegria e bem-estar? Você já parou para refletir sobre a tendência que temos de acessar memórias de dor que nos coloquem em contato com emoções negativas? Nossas experiências vividas são fontes de aprendizados e evolução necessários a nossa jornada de vida, mas cuidado, fique alerta e atento quanto

---

6 TÓFOLI, José Eduardo. **O que te impede de Viver Feliz?** Rio de Janeiro: Lumen Juris, 2020.

à frequência de sua mente voltar a essas experiências para revirar situações emocionalmente não resolvidas. Caso isso esteja ocorrendo com muita frequência, coloque seu foco e sua atenção no positivo, na solução – pode ser que sua mente inconsciente (que visa sempre o melhor para você) esteja trazendo alguma situação, dos porões do seu inconsciente, para ser ressignificada, resolvida emocionalmente. Caso não consiga identificar a origem daquela emoção negativa, daquele comportamento ou pensamento recorrente, procure ajuda.

Lembre-se de que tudo tem o significado que você dá, que muitas vezes não é o que aconteceu, e sim como lidamos com aquela experiência que nos causa transtornos emocionais, memórias de dor – quando nossa mente volta a elas, põe-nos num estado pobre de recursos, numa frequência vibracional baixa, transformando muitas vezes a nossa vida naquilo que chamamos de "inferno". E o mais interessante disso tudo: somos nós quem estamos criando tudo isso. E, se você não tem a intenção de produzir um espetáculo chamado depressão, por exemplo, ficar "ruminando" pensamentos negativos só vai aumentar o risco de você desenvolver exatamente isso.

Não tem como não pensar, mas comece seu dia escolhendo que tipos de pensamentos quer ter, afinal os pensamentos podem ser mudados.

Quando entendemos que os nossos pensamentos controlam a nossa vida, e que a única coisa que temos que controlar é a nossa maneira de pensar, adquirimos um poder que é quase milagroso. Esta consciência nos dá enormes possibilidades para melhorar a qualidade de nossas vidas e nos libertar do medo. E lembre-se: o medo, assim como todas as outras coisas em que acreditamos, são somente pensamentos, e pensamentos podem ser mudados.

Louise Hay

Seguindo o mesmo princípio, se sua mente produz pensamentos que o colocam ausente do aqui e agora, numa viagem alucinante, ocupando-se com acontecimentos que ainda não ocorreram, no que denominamos de futuro no tempo do relógio, sua tendência de mudar seu estado emocional, saindo de uma paz confiante na qual repousa uma mente calma, para sentimentos de preocupação, ansiedade, será constante.

Faz sentido para você que não existe ninguém, nem coisa alguma, ameaçando-o ou forçando-o a fazer escolhas, tomar decisões, externamente? Que tudo começa e termina em você? É necessário, cada vez mais, entendermos como funcionamos e estarmos sempre alertas, pois temos uma tendência natural, em diferentes graus, a darmos maior foco e atenção aos pensamentos negativos.

Pare um pouco e pergunte-se: quais são os seus pensamentos dominantes diante dos acontecimentos e experiências?

Antes de tratar o efeito – mal comum quando queremos soluções rápidas ao imediatismo que tomou conta dos nossos hábitos, diante da agitação na qual nos metemos no mundo de hoje – precisamos nos ocupar em encontrar a origem das nossas escolhas, a fonte.

Uma vez que a fonte da maioria das nossas escolhas está na nossa mente inconsciente e que é necessário estarmos alertas e atentos ao turbilhão de pensamentos que são produzidos diariamente, a afirmação de que a solução está de mãos dadas com as situações a serem resolvidas faz todo sentido para mim.

Que sentimentos há em você agora? Como define esse sentimento em você, quando se manifesta? Que tipo de energia há em seu corpo nesse momento?

Muito importante, eu diria essencial para nossa qualidade de vida, que tenhamos noção e estejamos no controle dos nossos pensamentos, escolhas, decisões e ações, estando mais alertas e conscientes das possíveis consequências e do nível de gravidade dessas consequências para nossa saúde física e mental.

Pensar é nutrir. Quando estou pensando, estou nutrindo meu ego ou minha alma. O corpo emocional, espiritual, intelectual se alimenta desses pensamentos.

QUAL DESTES SENHORES ESTOU ALIMENTANDO CONSTANTEMENTE? MEU EGO OU MINHA ALMA?

Quando vamos nos dar conta de que estamos inconscientemente dominados pela tirania do Ego? Quando a maioria dos meus desejos e aspirações satisfaz minhas vontades de ter e possuir, necessidades básicas e superficiais, estou obedecendo à cartilha do tirano que tem como diretriz motivacional: "Você viverá feliz quando..." E aqui está a armadilha que, vivendo alucinados, não notamos; o "quando" é um "alvo em movimento".

Quando você arrumar um bom emprego, viverá feliz. Quando você se casar, viverá feliz. Quando você tiver filhos, viverá feliz. Quando você tiver todos os seus filhos encaminhados na vida, aí sim viverá feliz. Quando você se aposentar, viverá feliz... E a jornada termina sem nos darmos conta de que fomos "iludidos" por um tirano que tem como devoção a música dos Stones: "I can´t get no satisfaction".

Nutrir amavelmente, hoje, a divindade que habita em você, no fundo de sua alma. Prestar atenção ao seu espírito, que anima seu corpo e sua mente. Despertar desse profundo sono dentro de seu coração. Carregar consigo a consciência da atemporalidade, do ser eterno, em todas as experiências limitadas pelo tempo.

Deepak Chopra

A chave para sua liberdade e verdadeira felicidade é a prática da vigilância constante. Vigiar para estar mais presente e consciente.

Que gatilhos, desejos, motivações fazem brotar a nutrição para o meu corpo emocional, espiritual e intelectual?

A vida é muito simples, recebemos a tarefa de nutrir nosso corpo físico e cuidar de nossos pensamentos e intenções. Quando não nos damos conta disso, criamos a maior parte dos nossos incômodos.

Alerta para possíveis sintomas da ansiedade: pensamentos repetitivos, tensão recorrente, pessimismo, medo constante, dificuldades em se concentrar, irritabilidade podem ser alguns dos sintomas da ansiedade e que podem afetar negativamente a sua qualidade de vida.

Alerta para possíveis sintomas da depressão: sentimentos de tristeza profunda, ansiedade ou vazio persistente; sentimentos de desesperança, pessimismo; humor irritável; sentimentos de culpa, baixa autoestima, inutilidade ou desamparo; perda de interesse ou prazer pela vida; dificuldades de concentração, tomada de decisões; dificuldades para dormir, despertar de manhã cedo, ou dormir demais; alterações na alimentação; pensamentos de morte ou tentativas de suicídio etc.

A depressão é um grande transtorno moderno no que diz respeito à saúde mental. É o mal que encabeça as consultas psiquiátricas e de psicologia. Estima-se que já ocupe o segundo lugar entre as causas de doenças e incapacidade no mundo atual, ficando atrás apenas das doenças cardiovasculares.

Com suas correspondentes variações, a depressão afeta crianças, jovens, adultos e idosos, homens e mulheres; pessoas de todas as classes sociais.

A Organização Mundial da Saúde calcula que no Brasil 5,8% da população sofre de depressão. Isso significa que quase 12 milhões de brasileiros sofrem com a doença, colocando o país no topo do ranking no número de casos de depressão na América Latina.[7]

Estou aprofundando esse assunto porque ansiedade e depressão têm tido como causa frequente escolhas e decisões que, em algum momento de nossa vida tomamos de forma inconsciente.

Vamos ficar atentos aos sinais de inquietação e à vontade persistente de fugir da realidade, na busca por preencher um vazio da alma com alimentos desprovidos de nutrientes, atentos a um sentimento de saudade sem nem mesmo saber do quê.

Exemplo disso foi a síndrome de "Pandora inatingível", a depressão pós-avatar que ocorreu com milhares de jovens que lamentavam não poder visitar ou morar no planeta Pandora por que ele parecia muito melhor do que a Terra.

Como estar mais conscientes e atentos para fazermos melhores escolhas? Como tomar decisões mais assertivas? Como obter melhores resultados nas nossas escolhas?

Se você tiver maestria, domínio sobre seu corpo,
cerca de 15% a 20% do seu destino estará em suas mãos.
Se você tiver maestria, domínio sobre sua mente,
cerca de 50% a 60% de sua vida e seu destino estarão em suas mãos.
Se você tiver maestria sobre suas energias vitais,
100% de seu destino estará em suas mãos.
Sadhguru

VOCÊ SE CONSIDERA UMA PESSOA SAUDÁVEL?

Antes de responder, peço que considere todas as dimensões do bem-estar que envolvem os aspectos do seu corpo físico, emocional, espiritual e intelectual.

Você já se deu conta de que, nas muitas escolhas e decisões que tomamos, levamos em consideração somente critérios que atendam a nossas necessidades básicas como seres humanos? Você realmente quer ser uma pessoa saudável, fisicamente, emocionalmente, espiritualmente e intelectualmente?

---

[7] BAETA, Juliana. Com mais de 12 milhões de doentes, Brasil é o país mais deprimido da América Latina, aponta OMS. **Hoje em dia.** 28 ago. 2019. Disponível em: https://www.hojeemdia.com.br/horizontes/com-mais-de-12-milh%C3%B5es-de-doentes-brasil-%C3%A9-o-pa%C3%ADs-mais-deprimido-da-am%C3%A9rica-latina-aponta-oms-1.738504 Acesso em: 28 jan. 2021.

O poder das escolhas quanto à mudança de comportamentos, a disciplina necessária para que esses comportamentos se repitam até que se tornem hábitos e você consiga os resultados desejados está com quem? É possível adotar critérios alinhados aos seus valores pessoais e que façam parte da sua estratégia para alcançar esses resultados que deseja? Você acredita ser merecedor de desfrutar de uma saúde plena, fisicamente, emocionalmente, espiritualmente e intelectualmente? Se suas respostas foram afirmativas quanto à adoção de novos hábitos mais saudáveis e a disciplina e disposição para manter constância, visando a um equilíbrio maior entre as suas saúdes física, mental, espiritual e intelectual, minha próxima pergunta é: "o que o impede?"

Criar condições favoráveis e de boa forma para conseguir os resultados que deseja só depende de você.

Considerando que grande parte das nossas escolhas é inconsciente, sendo um dos dos maiores desafios na nossa jornada evolutiva trazê-las para um nível consciente, o primeiro critério que precisamos adotar a partir de agora é estarmos mais presentes – a chave para isso é estarmos mais alertas, atentos aos nossos pensamentos e comportamentos.

O que fazer para estarmos mais conscientes, mais presentes? Convido você a começarmos nos dando conta de um verdadeiro milagre que acontece em você, em mim, com uma frequência entre 12 a 25 vezes por minuto, em média 30 mil vezes por dia, 10 milhões de vezes a cada ano e mais de 700 milhões de vezes ao longo de nossa jornada de vida neste plano: o milagre da respiração.

Quantas vezes você já parou para prestar a atenção à sua respiração? Qual foi a primeira coisa que você fez quando chegou a este planeta? Qual será a última coisa que você fará quando deixá-lo?

A respiração é vida, mas a maioria das pessoas passa uma vida inteira sem se dar conta da respiração, respirando inconscientemente, perdendo uma tremenda oportunidade de despertar e se tornar mais consciente de cada momento.

Na PNL temos um pressuposto de que corpo e mente formam um sistema único, ou seja, determinados pensamentos provocam emoções e sentimentos que têm reflexos no corpo físico, tencionando ou relaxando os músculos, acelerando ou diminuindo a respiração, provocando sensações. Nossa fisiologia também influencia nossos pensamentos. Quando aprendemos a mudar qualquer um deles, mudamos o outro, pois formam uma unidade inseparável.

Você já teve a curiosidade de conhecer melhor como o corpo físico funciona? Você alguma vez se interessou em ler o manual do usuário do instrumento mais sofisticado do mundo, que é o resultado de milênios de evolução?

O que ocorre quando você não pratica sequer uma respiração suficiente para manter uma saúde normal? A respiração não controla somente a oxigenação das células, controla também o fluxo do fluido linfático, que contém os glóbulos brancos do sangue – este sistema fantástico que protege o corpo em tempo integral –, os soldados que defendem o nosso organismo contra vírus, bactérias e infecções.

O processo de respirar ocorre por meio do sistema nervoso autônomo, que se divide em dois segmentos: simpático e parassimpático. Essas estruturas ajudam no controle e frequência cardíaca e pressão sanguínea. Como temos o hábito de respirar inconscientemente, no modo automático – de forma ineficiente –, os pulmões não absorvem oxigênio o suficiente e não eliminam dióxido de carbono o bastante, não dando ao coração o suporte necessário, e não programando o sistema nervoso autônomo para operar no modo parassimpático de cura.

O que é o sistema linfático? É um complexo conjunto de órgãos, vasos, tecidos e pequenas estruturas chamadas de nódulos linfáticos que se distribuem por todo o corpo e cujas principais funções são produzir e amadurecer as células de defesa do organismo, além de drenar e filtrar o excesso de líquido do corpo, transportando-o de volta para o sistema circulatório. Quando o nosso sistema linfático está sobrecarregado com o acúmulo de toxinas, a nossa imunidade é a primeira a sentir. Com problemas como celulite, excesso de peso, artrite, dores de cabeça e bursite, por exemplo, o responsável pode ser um sistema linfático lento demais.

Como estimular e acelerar o funcionamento desse sistema? Respiração profunda e prática regular de atividades físicas oferecem benefícios diretos ao funcionamento do sistema linfático.

ADQUIRA O HÁBITO DE RESPIRAR PROFUNDAMENTE E PRATICAR ATIVIDADES FÍSICAS

Se você ainda não se convenceu de que a respiração profunda é uma das melhores coisas que você pode fazer por você mesmo, vou listar alguns benefícios que esse hábito poderá trazer:

1. **Reduz a ansiedade e o estresse** – já notou como várias técnicas de relaxamento e meditação começam pela respiração profunda, ritmada?

2. **Relaxamento natural** – ao respirarmos profundamente, o sistema nervoso entende que não há perigo, liberando substâncias calmantes no cérebro e no corpo. Os músculos relaxam mais e mais, os batimentos cardíacos desaceleram e somos invadidos por uma agradável e confortante sensação de paz interior.

3. **Melhora o funcionamento dos intestinos e da digestão** – quando respiramos profundamente, há a movimentação do diafragma, uma camada muscular que separa o tórax do abdômen. Essa movimentação faz uma espécie de "massagem" nos intestinos, o que auxilia os movimentos peristálticos e, consequentemente, melhora a digestão.

4. **Melhora do metabolismo celular** – respirar profundamente faz com que o sangue transporte mais oxigênio para os tecidos e as células, melhorando a vida útil destas.

5. **Melhora a capacidade pulmonar** – respirar profundamente força o pulmão a se expandir, de modo que, assim como um músculo qualquer, ele vai ficando mais forte e resistente.

6. **Coração menos estressado e pressão arterial equilibrada** – respirar profundamente combate o estresse desnecessário, relaxa os músculos, fazendo com que o coração fique mais relaxado para executar sua função, além de diminuir a pressão arterial por conta do menor volume de sangue nos vasos.

7. **Eliminação de radicais livres, pele mais jovem e saudável** – quantidades adequadas de oxigênio na circulação sanguínea ajudam a estabilizar os radicais livres, fazendo com que seus efeitos sejam menos nocivos. Pode favorecer uma pele jovem e saudável por mais tempo. O mesmo acontece com os órgãos internos. Por isso, como maneira de prevenir o envelhecimento precoce, aposte sempre na respiração profunda.

8. **Controle do peso corporal** – segundo o *Internacional Journal of Yoga*, certas técnicas de respiração ajudam a queimar um número maior de calorias, ajudando a manter o peso corporal. Além disso, há quem defenda que o oxigênio ajuda no metabolismo dos alimentos, evitando que estes sejam transformados em gordura.

9. **Controle dos impulsos** – por conta da sensação de calma e relaxamento que a respiração profunda proporciona, somos capazes de pensar melhor antes de agir, tomar decisões, fazer escolhas. Assim, ao invés de tomar decisões impulsivas em momentos de raiva ou estresse, permite-nos refletir. Isso me faz lembrar do que uma professora de inglês me disse uma vez: "Antes de tomar decisões, tome um copo de água, tome consciência, tome um fôlego demorado, enfim, respire fundo e depois tome a decisão".

10. **Preservação de funções cognitivas** – um dos órgãos que mais precisam de oxigênio, para funcionar plenamente, é o cérebro. A baixa no oxigênio cerebral afeta funções como a atenção e a capacidade de concentração. Quando sofre com a falta absoluta de oxigênio, ele pode se danificar muito rapidamente, causando alterações em processos cognitivos, como pensamento, raciocínio, memória, fala e compreensão, entre outros.

11. **Melhor qualidade do sono** – a falta de oxigênio suficiente durante o sono, conhecida como apneia noturna, faz com que o cérebro desperte diversas vezes durante a noite. Isso pode até mesmo impedir que ele entre no sono profundo e reparador necessário para o nosso descanso.[8]

Adquira o hábito de realizar exercícios respiratórios ao se deitar; com a repetição dessa prática, o seu corpo vai se acostumar e criar uma âncora associando a posição do corpo como um comando para dormir – eu me acostumei a alongar o corpo e em seguida deitar de barriga para cima, com o corpo esticado.

Após algumas respirações profundas, de olhos fechados, concentrando-se nos movimentos do seu corpo enquanto respira – você pode imaginar uma contagem regressiva de 10 para 1 imaginando os números em sua mente –, o corpo começará a relaxar e rapidamente você entrará num estado de relaxamento profundo.

---

[8] Redação Minuto Saudável. Os benefícios mentais (e físicos) da respiração profunda. **Minuto saudável.** 2017. Disponível em: https://minutosaudavel.com.br/beneficios-da-respiracao-profunda/. Acesso em: 26 jan. 2021.

Como respirar corretamente?

Parece-nos um processo tão natural, que acontece de forma espontânea, sem a necessidade de qualquer comando voluntário da nossa parte... então, afinal, o que está errado com a nossa maneira de respirar?

O processo de inspirar e expirar corretamente conta com o auxílio do diafragma, músculo extremamente importante para o processo respiratório, localizado entre a cavidade torácica e abdominal. Nos movimentos respiratórios, o diafragma possui uma função primordial, uma vez que a movimentação desse músculo altera significativamente o tamanho vertical do tórax.

Como fazer a respiração diafragmática?

Para saber se você está usando o diafragma corretamente, basta colocar uma mão no tórax e ou no abdômen e inspirar profundamente. Ao inspirar, primeiramente, infle o abdômen e depois o tórax. Se você perceber que a parte torácica é a que aumenta de tamanho primeiro, então, você está fazendo errado.

Vamos criar o hábito de se dar conta, sempre que possível, da respiração. Percebeu que está respirando muito rápido, ofegante, acalme-se, retome a respiração ritmada, inflando a parte abdominal primeiro. Vamos praticar? Observe sua respiração acontecendo naturalmente, inspire profundamente contando até 4, retenha o ar contando de 1 até 5, expire pelo nariz ou pela boca, contando de 1 até 8. Importante inspirar e expirar de forma ritmada, e ao expirar demorar mais tempo para que os pulmões e o diafragma se esvaziem completamente.

Crie uma rotina de respiração saudável

Formar novos hábitos não acontece da noite para o dia. Segundo estudos realizados em 1960 e publicados no livro *Psicocibernética*, do Dr. Maxwell Maltz, para que um comportamento se torne um hábito são necessárias, no mínimo, 21 repetições. Alerto que, para se obter êxito num processo de evolução e mudança, primeiro você precisa querer, com toda sua força de vontade e firme decisão, no plano mental, dar-se a chance e ter perseverança e constância, no plano físico.

Oportunamente, caso você esteja interessado em adotar essa nova rotina de respirar melhor, para ter uma melhor qualidade de vida nos aspectos físicos, emocionais, espirituais e intelectuais, compartilho as seguintes sugestões:

- Busque um lugar no qual você possa exercitar sua respiração profunda todos os dias, além, é claro, de fazê-lo sempre que perceber que está respirando de forma inadequada. Se possível, encontre locais que sejam calmos, além de terem uma oferta de ar de qualidade, de preferência parques ou áreas com bastante verde, onde você possa ter maior conexão com a natureza.

- Algumas pessoas gostam de rituais e rotinas, por isso busque fazer exercícios respiratórios sempre no mesmo horário e lugar para criar hábitos mais rapidamente. Eu gosto muito de praticar logo que eu desperto pela manhã, assim que eu me levanto, e eventualmente antes de dormir.

Por que estou dando tanta importância a esse assunto da respiração?

Faz muito sentido para mim que o despertar para qualquer mudança começa com o dar-se conta, perceber-se, notar-se, estar consciente. Quer um processo melhor que o ato de respirar para conseguir isso? Você pode ficar dias sem se alimentar, sem tomar água, mas seu organismo não resiste mais que alguns minutos sem respirar. E, sendo o processo de respirar feito de forma inconsciente, assim como a maioria de nossas escolhas, se formarmos novos hábitos quanto a esse processo vital, estaremos mais conscientes e, portanto, mais alertas e atentos a nossas escolhas.

As origens da palavra respiração

No sânscrito, a palavra *prana* não significa apenas "força vital", mas também "respiração".

A palavra grega para "respiração", *pneuma*, também significa "alma" e "espírito".

No budismo tibetano, a respiração é vista como o veículo da mente, e a mente por si só é manifestação da consciência, que, para o budismo secular e alguns neurocientistas, seria a manifestação da alma.

Em hebraico, a palavra para "respiração" também significa "espírito de Deus".

Em latim, *anima spiritus* significa "respiração" ou "alma".

Mas o maior questionamento que fica é: por que as tradições e religiões ancentrais relacionam a palavra "respiração" com o nosso espírito? São fatos históricos no mínimo intrigantes, mas, independentemente disso, eles já nos dão uma boa dica hoje da importância da respiração e talvez um dos principais motivos pelos quais o ser humano anda tão doente.

Além disso, em diversas culturas bem distintas umas das outras, incluindo aquelas derivadas do Islam e da Índia, acredita-se que a idade de uma pessoa não é tão bem determinada pelo tempo cronológico, mas sim pelo número de respirações que ela deu. Assim, uma pessoa que respira rapidamente morrerá mais cedo do que uma pessoa que respira vagarosamente.

E, traçando uma analogia com os dias de hoje, essa afirmação não soa de todo tão esotérica ou dogmática, afinal de contas aquelas pessoas que vivem suas vidas na correria da agitada vida moderna, como verdadeiras reféns do estresse, reduzem a sua expectativa de vida, comprovadamente pelas estatísticas de causa das mortes por câncer, hipertensão, ataques cardíacos etc.[9]

Espero ter conseguido tocar o seu coração quanto à importância da respiração profunda para uma melhor saúde física, emocional e espiritual.

COMO FAZER MELHORES ESCOLHAS, AGORA?

Começando por mudar minha forma de representar a realidade, considerando que não vejo a realidade como ela é, mas sim como eu sou.

Você já se deu conta de como você desperta e se prepara para um novo dia? Logo que desperta, você está consciente do milagre que acabou de acontecer: o milagre de estar vivo? Você sabia que milhares de outros seres humanos não recebem a mesma graça? E, considerando que todos convivemos, em média, com pelo menos quatro a seis pessoas mais próximas, veja se todos da sua família também receberam a graça desse milagre; caso todos estejam bem, abra um belo sorriso, demonstrando gratidão. Importante ressaltar que o Universo não nos ouve, ele nos percebe por meio

---

[9] MENEZES, Gabriel. O Incrível Poder da Respiração – Ela faz Milagres! **Blog Spartancast.** 2017. Disponível em: https://blog.spartancast.com.br/o-poder-da-respiracao/. Acesso em: 27 jan. 2021.

da energia que estamos vibrando, ou seja, sinta cada uma das mais de 10 trilhões de células do corpo vibrando gratidão, afeto e amor, e o Universo entenderá a mensagem.

O Universo não ouve o que você diz. Ele sente a vibração que você oferece.

Abraham Hicks

Posso lhe afirmar, com convicção, que o seu dia será muito mais produtivo e você fará escolhas mais conscientes, poderosas e alinhadas aos seus objetivos e ao programa da sua alma, se você despertar todos os dias vibrando gratidão de corpo e alma. Assuma um compromisso com você agora, de dedicar um tempo todas as manhãs para praticar o exercício da gratidão para tudo e todos que o cercam, afinal faz muito sentido para mim a teoria de que estamos todos interligados, espiritualmente. Se fizer sentido para você, ao praticar o exercício proposto, imagine um círculo de energia de amor, carinho e afeto o envolvendo em um feixe de luz, saindo pelo seu plexo solar, envolvendo todo o seu corpo, depois as pessoas da sua casa, os objetos, todos os seres animais, vegetais e minerais; em seguida, visualize essa luz envolvendo tudo e todos ao redor do planeta. Ao imaginar essa luz de amor, carinho, afeto, compaixão, gratidão, perdão envolvendo as pessoas, os mares e oceanos, os desertos, as florestas, todos os animais, vegetais e minerais, sinta em seu coração pulsar uma vibração intensa e profunda, com intenção e atenção. A atenção energiza, a intenção transforma.

Eu sei que você sabe, mas não custa lembrar: num ambiente onde reina o respeito, o zelo, o cuidado, a sutileza, o carinho, o amor... os objetos tendem a funcionar melhor, afinal as coisas são uma extensão do nosso corpo.

Você já seu conta da natureza das coisas? Tudo existe para nos servir, começando pelo colchão que o conforta todas as noites – a propósito, quando foi a última vez que você se sentiu agradecido e, de mente e coração, agradeceu seu colchão e sua cama por fazer isso por você? Quando foi a última vez que você se deu conta do luxo de ter um banheiro com chuveiro elétrico, com vaso sanitário, encanamentos que levam os dejetos etc.? Há menos de 100 anos, nem os reis e rainhas se serviam de tamanho conforto e comodidade, e hoje nós agimos como se tudo isso fosse natural.

Se nossa intenção é fazermos escolhas mais conscientes, temos que começar por nos dar conta dos milagres que estão acontecendo a todo o momento.

Só há duas maneiras de viver a vida: a primeira é vivê-la como se os milagres não existissem. A segunda é vivê-la como se tudo fosse milagre.

Albert Einstein

Além da saúde física, é fundamental, para viver uma vida equilibrada, que busquemos uma saúde emocional, intelectual e espiritual, nutrindo nossa mente, nosso intelecto e espírito com escolhas saudáveis e formando hábitos diários que nos coloquem num estado emocional rico de recursos.

O primeiro passo é alinharmos corpo, mente e espírito

Que tal dedicarmos um tempo, todos os dias, para praticarmos a respiração consciente e profunda, relaxarmos o corpo, aquietarmos a mente, voltarmo-nos para a imensidão do universo interior, conectarmo-nos com a mente sábia, com a Fonte que nos nutre, sentir e vibrar gratidão, sentir e vibrar o perdão, sentir e vibrar o amor puro?

Por meio da repetição, condicionamo-nos a seguir determinados padrões de pensamento e, consequentemente, determinados padrões de comportamento. Qual é o seu padrão? Você se considera uma pessoa de bem com a vida, que costuma ter pensamentos e comportamentos leves e positivos, acolhedores, agregadores, fraternos, ou você costuma ter um padrão negativo e pessimista diante das situações? Muito importante que você se dê conta disso, afinal, como mencionei, não percebemos a realidade como ela é, e sim como nós somos. A forma como lidamos com as experiências da nossa vida é um reflexo de como nos organizamos internamente.

Um exercício prátco para que você vigie e policie seus pensamentos: da próxima vez que você estiver no trânsito, numa fila de banco ou supermercado, preparando-se para uma entrevista de emprego, prestes a fazer a apresentação de algum trabalho ou projeto muito importante, observe quando sua mente começar a o encher de pensamentos do tipo "Que inferno este trânsito", "Esta fila não anda", "O que será que vão me perguntar nessa entrevista?", "Será que os diretores ou mesa avaliadora vão gostar do meu trabalho, projeto?" Então pare, respire profundamente pelo menos três vezes, imagine o trânsito ou a fila começando a fluir, você chegando pontualmente ao seu compromisso, a entrevista e as apresentações fluindo muito bem e melhor que o planejado... Assim você vai mudar a frequência dos seus pensamentos e, com isso, suas emoções, seus sentimentos; e consequentemente vai elevar sua vibração energética, pondo-se num estado emocional rico de recursos. Sua mente estará mais equilibrada, e suas escolhas e atitudes serão um reflexo disso.

Nossos pensamentos e intenções são ferramentas poderosas, portanto procure exercícios práticos que se encaixem no seu dia a dia e que possam ser executados a qualquer hora, sem que você necessite de tempo extra para isso. Crie formas de se manter consciente e permanecer em sintonia com seus valores e propósitos. Esteja alerta e ciente do que seus pensamentos estão vibrando, porque, como vimos, o Universo vai refletir o mesmo para você na sua vida. A saúde emocional é caracterizada pela capacidade de controlarmos as alterações de comportamento, e, como vimos, as emoções e os sentimentos precedem o comportamento, e os pensamentos precedem as emoções.

Falando nisso, como anda a sua autoimagem e a sua autoestima? Como você se vê e como que você se avalia? Na sua opinião, quais tipos de pensamentos devemos cultivar para elevar a autoimagem e a autoestima? Que escolhas, comportamentos, atitudes devo ter para mudar meu padrão de pensamentos?

Com relação à autoimagem, uma das muitas sugestões é começar se olhando, olho no olho, diante do espelho. Se for o caso, fuja da mesmice, mude o seu visual – faça um penteado diferente, invista na boa forma física –, comece a praticar atividades físicas, mude sua alimentação. Com relação a sua autoestima, ative a sua identidade, clarifique seus propósitos, envolva-se em ações sociais ou com algum movimento de ação humanitária.

Paralelamente a isso, procure se aproximar e conviver com pessoas positivas, otimistas, motivadoras, de bem com a vida, pois a alegria contagia, deixa a vida mais leve e mais gostosa de viver e o ajuda a controlar suas emoções.

Ainda com objetivo de alinhar e colocar em sintonia o corpo, a mente e o espírito, para que possamos estar mais conscientes das nossas escolhas, mais despertos, no comando da nossa mente inconsciente o maior tempo possível, além dos exercícios, ferramentas e práticas já citados, recomendo:

- Frequente a escola do silêncio. Sempre que possível, reserve um momento do dia para ficar em silêncio. Comece fechando os olhos para reduzir a distração, preste atenção à sua respiração – respire profundamente de três a cinco vezes, e isso vai aquietar sua mente, reduzindo preocupação e ansiedade. Além de oxigenar melhor o seu cérebro e melhorar sua concentração – dica preciosa para quem está passando pela pressão psicológica de testes com vestibulares ou concursos.

- **Aprenda a praticar relaxamento e, se possível, algum tipo de meditação, oração, canto, dança, mantra**: essa atividade eleva o seu nível de energia, sua frequência vibracional, colocando-o num estado de paz e equilíbrio emocional impressionante. Insisto que você leia, caso ainda não tenha lido, o meu livro *O que te Impede de Viver Feliz?* – no primeiro capítulo eu explico, de forma bastante didática, algumas técnicas de relaxamento, meditação consciente, autossugestão etc.

- **Além da prática da gratidão, que vimos num tópico anterior, exercite o perdão e o amor** por meio de técnicas como o Ho'opono-pono. Também indico os materiais de uma autora – sou apaixonado por tudo que ela fez –, Louise Hay. Você encontra livros como *A Vida Ama Você*, *Você Pode Curar a sua Vida*, *O Poder dentro de Você*, entre outros, inclusive vários trabalhos na internet.

- **Evite fazer julgamentos**. Julgar é sofrer.

- **Reserve um momento do dia para estar em contato com a natureza** e observar em silêncio tudo que está a sua volta, procurando não dar significado, olhando como se estivesse vendo aquela árvore, aquela flor, aquele pássaro, pela primeira vez. Valorize momentos preciosos como ficar em silêncio e observar o pôr ou nascer do sol, proporcionar aos seus ouvidos o imenso prazer do som hipnótico das ondas do mar, de um riacho, do canto dos pássaros, permitir-se sentir o perfume de uma flor.

Somos escravos dos nossos hábitos, fato, e eles são na sua maioria, inconscientes, portanto a chave para formar novos hábitos é a vigilância, auto-observação, atenção. Para fechar esse assunto "com chave de ouro", vou compartilhar um texto inspirado nos ensinamentos de Deepak Chopra, um escritor e professor de *ayurveda*, espiritualidade e medicina quântica, de que também gosto muito e que faz todo sentido com o tema deste livro e com o tópico atual: equilíbrio entre o corpo, mente e espírito.

LEI DO KARMA OU DE CAUSA E EFEITO

Toda ação gera uma força energética que retorna a nós da mesma forma. O que semeamos é o que colhemos. É bem conhecido o ditado "Você colhe aquilo que semeia". Portanto, não há nada de misterioso na lei do karma. Obviamente, se desejarmos felicidade, precisaremos aprender a semear felicidade.

Karma implica, então, escolha e ação conscientes. Quer você goste, quer não, tudo o que está acontecendo neste momento são resultados de escolhas e decisões. Pelo fato de muitas dessas escolhas terem sido feitas de maneira inconsciente, costumamos não acreditar que determinados efeitos são consequências das escolhas que fizemos.

Se eu o insulto, é provável que você escolha se ofender. Se eu lhe dirijo um cumprimento, é provável que você escolha se sentir grato e envaidecido. Pense bem: é sempre uma escolha.

Toda pessoa constitui – mesmo sendo um escolhedor infinito – um feixe de reflexos condicionados. Eles são disparados, constantemente, por circunstâncias e por pessoas, resultando em comportamentos previsíveis. Essas reações também são escolhas que fazemos a todo o momento. Simplesmente estamos escolhendo inconscientemente. Se você parar um pouco e começar a observar suas escolhas quando elas ocorreram, mudará esse aspecto de inconsciência. O simples ato de observá-las transfere todo processo do terreno do inconsciente para o consciente. Escolher e observar conscientemente é muito enriquecedor.

Quando fizer uma escolha, faça uma pergunta a si mesmo: "Quais serão as consequências da escolha que estou fazendo?", "Essa escolha trará felicidade a mim e aos outros ao meu redor?"

A resposta à primeira questão você sentirá em seu coração, e saberá imediatamente quais serão as consequências. Quanto à segunda questão, se a resposta for sim, então persista nessa escolha.

Há um mecanismo muito interessante no universo para ajudar a fazer escolhas corretas

Esse mecanismo relaciona-se com as sensações físicas. O corpo conhece dois tipos de sensações: uma é a do conforto; a outra, do desconforto. Imediatamente, antes de fazer uma escolha consciente, observe o corpo enquanto faz a pergunta "Se eu escolher isso, o que acontecerá?" Se o corpo enviar uma mensagem de conforto, é a escolha certa.

Para alguns, a mensagem de conforto e desconforto se dá na região do plexo solar (estômago). Para a maioria das pessoas, no entanto, manifesta-se na área do coração. Espere pela resposta, uma resposta física, na forma de sensação, mesmo que seja muito leve. Somente o coração conhece a resposta certa. Muita gente acha que o coração é piegas e sentimental. Não é. O coração é intuitivo. É holístico. É contextual. É relacional. Não se orienta por perdas e ganhos. Ele está conectado ao computador cósmico, que leva tudo em conta. Às vezes, pode até parecer irracional, mas o coração tem uma capacidade mais acurada de processar dados do que qualquer outra coisa que exista nos limites do pensamento racional.

Qual é a origem desse desconforto? O que está por trás desse sentimento de conforto e desconforto diante das escolhas e decisões que tomamos?

Trata-se de um estímulo intuitivo ou instintivo? Qual é a diferença?

INTUIÇÃO E INSTINTO – *INTUITION AND INSTINCT*

Intuição e instinto não são o mesmo. Enquanto o segundo dá forma a um comportamento orientado para nos permitir sobreviver, o primeiro atrai um sentido mais profundo em nossa espécie, dando uma voz interna que nos ajuda a tomar melhores decisões. Assim, embora ambas as dimensões não tenham uma origem comum, elas ajudam a responder muito melhor aos desafios cotidianos.

Para entender essa diferença um pouco melhor, vamos pensar em dois maravilhosos personagens literários. Robinson Crusoé é o corajoso marinheiro de York que, após ficar isolado por 28 anos em uma ilha após um naufrágio, faz uso de seus instintos mais básicos para sobreviver a uma situação perigosa e complexa. Por outro lado, Sherlock Holmes é a melhor referência de uma mente acostumada a fazer uso de seu instinto policial, daquelas deduções quase inconscientes, ágeis e precisas para resolver os enigmas mais desafiadores.

Intuição e instinto, entre biologia e percepção: a intuição e o instinto não são o mesmo, apesar de cairmos no erro de usar os dois termos com frequência e indistintamente. Assim, é muito comum usá-los nos contextos em que nossas sensações ou emoções nos orientam numa direção ou noutra.

Frases como "O meu instinto me diz..." e "Minha intuição me diz..." são, sem dúvida, o exemplo claro desse pequeno erro conceitual que vale a pena esclarecer, e por um fato muito claro: para nosso benefício pessoal.

O que é instinto?

Do ponto de vista biológico, um instinto é um comportamento inato. São as nossas necessidades internas e os comportamentos que nos permitem sobreviver num determinado ambiente. Dessa forma, instintos como conservação, proteção, sociabilidade, reprodução, cooperação ou curiosidade são faculdades muito básicas que definem não apenas os seres humanos, mas também uma grande parte dos animais.

Agora, é curioso como, a partir do século XX e com o desenvolvimento da psicologia moderna, o conceito de instinto começou a ser visto como desconfortável. Era como aquele elo que nos ligava a uma versão quase selvagem do ser humano, uma dimensão que era mais bem reprimida ou camuflada com outros rótulos. Dessa forma, figuras como Abraham Maslow começaram a popularizar termos como "desejo" ou "motivação" para simbolizar as necessidades internas de cada um de nós.

Agora, no século XXI, essa concepção mudou muito. O binômio intuição e instinto é novamente muito apreciado, e, no que se refere à última dimensão, a reformulação que é feita do instinto é tão interessante quanto reveladora. Dessa forma, nomes como o do Dr. Hendrie Weisinger, influente psicólogo clínico e autor do livro *The Genius of Instinct*, explicam que os instintos não são obscuros ou primitivos. Eles não são algo para reprimir. Se aprendermos a usá-los a nosso favor, poderemos lidar com fatores muito melhores, como estresse ou medo. Além disso, capacitar instintos como compaixão, cuidado ou bondade nos permitiria criar ambientes mais enriquecedores e significativos. Porque, além do que pode parecer, o "instinto compassivo" ou bondade existe em cada um de nós, como revelado por um estudo do professor Dacher Keltner, da Universidade da Califórnia, em Berkeley.

O que é intuição?

Algumas pessoas pensam que a intuição é um conjunto de sensações que nos dão a pista sobre alguma coisa. Bem, deve--se dizer que essa dimensão não responde a processos mágicos ou percepções sensoriais; trata-se mais de "percepções cognitivas". O próprio Carl Jung definiu a pessoa intuitiva como alguém que pode antecipar certos eventos ou situações usando seu próprio material inconsciente.

Agora, esse material inconsciente é o resultado de tudo o que somos, de tudo o que vivemos, vemos e experimentamos. É a essência do nosso ser, um baú de informação comprimidas que o cérebro usa para obter respostas rápidas, que não passam pelo filtro de uma análise objetiva.

Assim, e por mais impressionante que pareça, os especialistas nos dizem que ser guiado pelo que a intuição nos diz é tão positivo quanto aconselhável.

Esse trabalho se conclui, mais uma vez, com algo em que o mundo científico e o campo da psicologia já estavam avançando: o uso de informações inconscientes nos permite não só tomar decisões mais rápidas, mas levar uma vida mais alinhada com nossas necessidades e nossa personalidade.[10]

Como Carl Gustav Jung foi citado, fui atrás de mais informações sobre a visão da psicologia junguiana desse tema, e segue um material que fez sentido para mim: espero que faça sentido para você também.

Qual a diferença entre intuição e instinto?

O instinto: "instinto" vem do latim instinctu, que significa "impulso". Para a biologia, instinto é um padrão de comportamento herdado, peculiar para cada espécie. Representa uma inteligência no seu grau mais primitivo, como o instinto de se alimentar, por exemplo.

Mas, pensando na complexidade do ser humano, a psicologia vai mais longe. Jung considerou que os instintos são forças motivadoras do processo psíquico. Os instintos em si não são criativos, senão movidos por uma necessidade interior, e se repetem tanto nos comportamentos de uma pessoa como de um grupo de pessoas.

Os instintos são formas típicas de comportamento, e todas as vezes que nos deparamos com formas de reação, que se repetem de maneira uniforme e regular, trata-se de um instinto, quer esteja associado a um motivo consciente ou não.

C. G. Jung

---

[10] **SCIENCE & TECHNOLOGY.** Intuição e Instinto: Intuition and instinct. 2018. Disponível em: https://olivarui.wordpress.com/category/science-technology-ciencia-e-tecnologia/. Acesso em: 26 jan. 2021. Disponível também em: https://giveitaspin.net/2018/12/11/intuition-and-instinct-2-powerful-but-different-abilities/

De onde provêm os instintos?

De onde provêm os instintos e como foram adquiridos, pelo olhar da psicologia, é um assunto complexo ligado aos processos inconscientes. Eles são essencialmente inconscientes e fazem parte de características herdadas.

Segundo Jung: Uma discussão do problema do instinto sem levar em conta o conceito do inconsciente seria incompleta, porque são precisamente os processos instintivos que pressupõem o conceito complementar de inconsciente. Eu defino o inconsciente como a totalidade de todos os fenômenos psíquicos.

O inconsciente é o receptáculo de todas as lembranças perdidas e de todos aqueles conteúdos que ainda são muito débeis para se tornarem conscientes. Estes conteúdos são produzidos pela atividade associativa inconsciente que dá origem também aos sonhos. Além destes conteúdos, devemos considerar também todas aquelas repressões mais ou menos intencionais de pensamentos e impressões incômodas. À soma de todos estes conteúdos dou o nome de inconsciente pessoal. Mas afora esses, no inconsciente encontramos também as qualidades que não foram adquiridas individualmente, mas são herdadas, ou seja, os instintos enquanto impulsos destinados a produzir ações que resultam de uma necessidade interior, sem uma motivação consciente.

C. G. Jung

A intuição

Como a intuição também é uma qualidade inconsciente, intuição e instinto se aproximam.

A intuição decorre de um processo inconsciente, dado que o seu resultado é uma ideia súbita, a irrupção de um conteúdo inconsciente na consciência. A intuição é, portanto, um processo de percepção, mas, ao contrário da atividade consciente dos sentidos e da introspecção, é uma percepção inconsciente. Por isso é que, na linguagem comum, nos referimos à intuição como sendo um ato "instintivo" de apreensão, porque a intuição é um processo análogo ao instinto, apenas com a diferença de que, enquanto o instinto é um impulso predeterminado que leva a uma atividade extremamente complicada, a intuição é a apreensão teleológica de uma situação.

C. G. Jung

Instinto x intuição

Enquanto o instinto é um ato impulsivo, a intuição está ligada ao entendimento de algo, uma apreensão, um *insight* sobre um conteúdo inconsciente não necessariamente de expressão comportamental repetitiva.

Devemos também considerar que as formas inatas de intuição são dadas pelos arquétipos de percepção, que determinam as nossas maneiras de perceber e entender o mundo.

Devemos incluir também as formas a priori, inatas, de intuição, quais sejam os arquétipos da percepção e da apreensão que são determinantes necessárias e a priori de todos os processos psíquicos. Da mesma maneira como os instintos impelem o homem a adotar uma forma de existência especificamente humana, assim também os arquétipos forçam a percepção e a intuição a assumirem determinados padrões especificamente humanos. Os instintos e os arquétipos formam conjuntamente o inconsciente coletivo. Chamo-o "coletivo", porque, ao contrário do inconsciente acima definido, não é constituído de conteúdos individuais, isto é, mais ou menos únicos, mas de conteúdos universais e uniformes onde quer que ocorram. O instinto é essencialmente um fenômeno de natureza coletiva, isto é, universal e uniforme, que nada tem a ver com a individualidade do ser humano. Os arquétipos têm esta mesma qualidade em comum com os instintos, isto é, são também fenômenos coletivos. No meu ponto de vista, a questão do instinto não pode ser tratada psicologicamente sem levar em conta a dos arquétipos, pois uma coisa condiciona a outra.

C. G. Jung

Expressões inconscientes

Instinto e intuição, portanto, são expressões inconscientes, sendo o instinto um comportamento inato característico de uma espécie, de um coletivo; e a intuição é um arquétipo de apreensão, uma habilidade de percepção de um conhecimento, uma informação.

Na prática, são manifestações muitos semelhantes. A meu ver, o ato de amamentar um filho, por exemplo, é instintivo, por ser algo da espécie, mas saber que o seu bebê está com fome é uma intuição ligada ao instinto materno de cuidado e proteção.[11]

Nas profundezas do seu inconsciente, à espera de se expandir e de se expressar, há uma sabedoria infinita, há um poder infinito, há um estoque ilimitado de tudo. O que é necessário para uma vida perfeita. Comece agora a descobrir suas potencialidades das profundezas da sua mente e elas tomarão forma no mundo exterior. A infinita Inteligência que existe no seu inconsciente pode revelar-lhe tudo aquilo de que necessita saber, a qualquer momento e em qualquer lugar, desde que você seja compreensivo e receptivo.

Joseph Murphy

---

[11] ROSSI, Bia. Qual a diferença entre Intuição e Instinto? **Jung na prática.** 2017. Disponível em: https://www.jungnapratica.com.br/qual-a-diferenca-de-intuicao-e-instinto/. Acesso em: 26 jan. 2021.

NÓS CRIAMOS A NOSSA PRÓPRIA REALIDADE

Criamos a nossa realidade por meio dos nossos pensamentos, crenças e valores, emoções e sentimentos, palavras e ações, mediante as escolhas e decisões que tomamos a todo instante.

A lei da mente é implacável: o que você pensa, você cria; o que você sente, você atrai; o que você acredita, torna-se realidade.

Buda

Fundamental para fazermos escolhas mais conscientes: estarmos mais alertas e vigilantes, sermos observadores dos nossos pensamentos e desenvolvermos o hábito de praticar a visualização usando nossa imaginação criativa.

A melhor maneira de melhorar o padrão de vida está em melhorar o padrão de pensamentos.

Nós acabamos nos tornando exatamente como pensamos que somos. Por isso, vamos pensar sempre coisas boas e positivas a nosso respeito.

Masaharu Taniguchi

Quando acreditamos em algo, nós criamos uma expectativa, e a energia criada pela expectativa é mais forte que o desejo, portanto cuidado com o que você acredita: isto poderá se tornar realidade.

Acredite que você pode, assim você já está no meio do caminho.

Theodore Roosevelt

É importante estar consciente para notar quando o corpo reage emocionalmente aos pensamentos. Quando nos sentimentos bem, vibramos numa determinada frequência de energia e atraímos mais aquela energia que estamos emanando. Eu diria que as emoções e os sentimentos são elementos fundamentais na criação da sua própria realidade, uma vez que está comprovado que a maioria das escolhas que fazemos é emocional.

E você já notou como uma pessoa de bem com a vida, alto-astral, positiva, confiante, influencia um ambiente e o meio com uma energia edificante, que irradia e contagia? Do mesmo modo, você já trabalhou com pessoas ou participou de reuniões de equipe que o faziam se sentir para baixo, ansioso, envergonhado?

Para que se torne um hábito nutrir o corpo físico, mental, espiritual, energético com emoções positivas, convido você, logo pela manhã, ao despertar, a permitir-se inundar com sentimento de gratidão, praticar o perdão e, conforme já vimos, exercitar o corpo com a prática de alguma atividade física, e a mente com a prática da respiração profunda, do relaxamento, meditação, oração, mantra, pondo-se num estado emocional "rico de recursos".

O PODER DAS PALAVRAS NA CRIAÇÃO DA NOSSA PRÓPRIA REALIDADE

Todos já ouvimos a expressão popular "Palavras têm poder", e realmente têm. Sempre digo às pessoas que querem mudar algum tipo de comportamento ou pensamento para começarem mudando seu vocabulário.

Já notou como temos uma tendência a usarmos palavras com representações negativas? Faz sentido para mim que as palavras são a ponta da lança apontando para uma direção, são como lanças de energia que você dispara no universo, e, como sabemos, o universo é regido por leis, independentemente de estarmos cientes disso ou não: somos parte do universo, portanto também somos regidos por essas leis ou Princípios Universais.

Um desses princípios, muito conhecido, é o Princípio de Causa e Efeito, conhecido também como a Lei do Retorno ou a Lei da Semeadura. Como o próprio nome sugere, tudo que você lançar no universo vai voltar para você em algum momento; tudo que semear, vai colher; todo efeito tem uma ou mais causas.

A seguir, compartilho um dos slides que utilizo em treinamentos e o convido a entrar na brincadeira: encontrar, na coluna à direita, quais as palavras com a representação mais positiva do que você quer expressar com as palavras da coluna da esquerda, que têm representações internas que considero mais negativas. Vamos lá, faça suas escolhas...

Figura 3 – Mudando a forma de pensar, mudando seu vocabulário

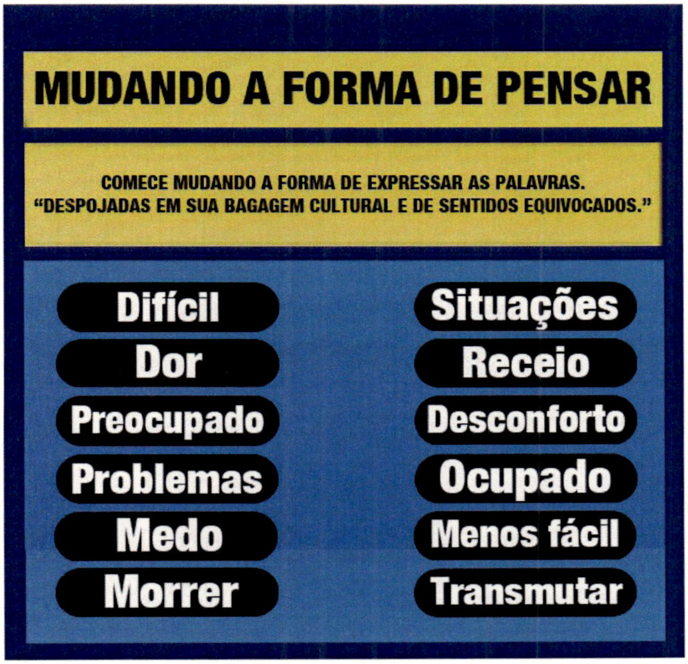

MUDANDO A FORMA DE PENSAR

COMECE MUDANDO A FORMA DE EXPRESSAR AS PALAVRAS.
"DESPOJADAS EM SUA BAGAGEM CULTURAL E DE SENTIDOS EQUIVOCADOS."

Difícil	Situações
Dor	Receio
Preocupado	Desconforto
Problemas	Ocupado
Medo	Menos fácil
Morrer	Transmutar

Fonte: o autor (2018)

Você já ouviu falar das experiências com água cristalina do Dr. Massaru Emoto?

Embora muitas religiões orientais saibam que isto é verdade há milhares de anos, os cientistas só recentemente começaram a demonstrar que nossos pensamentos podem alterar as propriedades físicas dos objetos que nos rodeiam. Isso pode lhe parecer uma estranha ficção científica, mas na verdade foi validado por numerosos estudos e experiências. Uma dessas experiências foi feita pelo Dr. Massaru Emoto, um conhecido fotógrafo e escritor japonês. Dr. Emoto fez experiências com água para demonstrar que nossas palavras, nossos pensamentos e sentimentos afetam a realidade física. Ele disse que a água era um plano para nossa realidade e que as energias e vibrações emocionais podem mudar a estrutura molecular da água.

As experiências com água cristalina do Dr. Emoto envolveram a exposição da água em copos a diferentes palavras, imagens ou música. Depois, congelaram-se e examinaram-se as propriedades estáticas dos cristais resultantes com fotografia microscópica. Os resultados foram incríveis. Ele descobriu que a água exposta a pensamentos e emoções positivas, como Gratidão, Amor, Felicidade e Apreciação, formavam padrões bonitos e vibrantes que estavam geometricamente, perfeitamente, alinhados. Enquanto a água exposta a pensamentos e emoções negativas formava padrões assimétricos e com cores escuras. Ele também descobriu uma diferença significativa na água estruturada antes e depois da meditação.

Figura 4 – Experiências com água cristalina exposta a orações

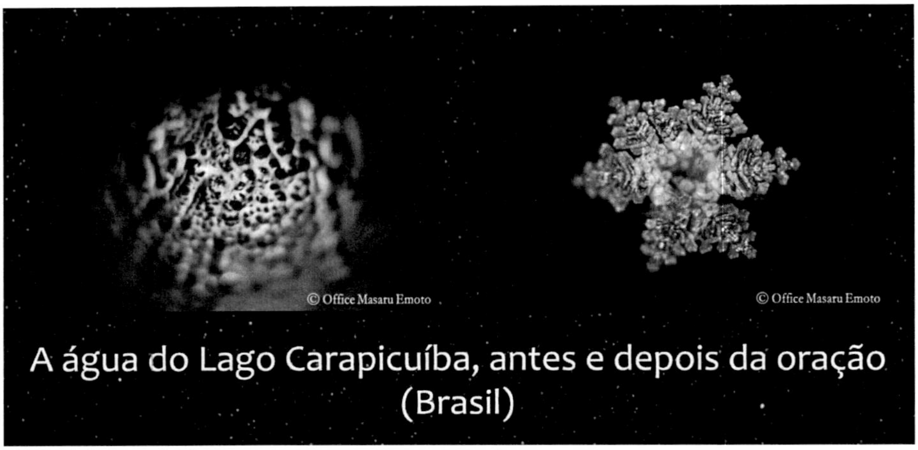

Fonte: adaptado de Office Masaru Emoto[12]

Independentemente das controvérsias e dos questionamentos de alguns cientistas quanto à qualidade deste trabalho do Dr. Emoto, minha intenção ao citar essa experiência, entre muitas que foram realizadas, é gerar reflexões acerca do cuidado na escolha das palavras, nos padrões que costumamos utilizar em nosso vocabulário, e, independentemente de qualquer experiência, na reverência que temos que ter com a água, fonte de vida.

---

[12] **Office Masaru Emoto.** Poder da Oração. Disponível em: https://www.masaru-emoto.net/en/crystal-3/. Acesso em: 27 jan. 2021.

Figura 5 – Experiências com água cristalina exposta a palavras positivas e negativas

Fonte: adaptado de Office Masaru Emoto[13]

Se palavras, pensamentos e emoções podem fazer isso com a estrutura molecular da água, imagine o que não faz com a estrutura do nosso corpo físico, mental, espiritual.

Considerando que não é a realidade que muda, e sim a nossa forma de perceber a realidade, isso reforça a importância do autoconhecimento e da expansão da consciência.

COMO PERCEBEMOS A REALIDADE?

Tudo que precisamos para evoluir nas escolhas e ações é melhorarmos o nosso nível de percepção, porque não se trata do que acontece, e sim do que fazemos com o que acontece conosco.

Não importa o que fizeram com você. O que importa é o que você faz com aquilo que fizeram com você.

Jean-Paul Sartre

---

[13] **Office Massaru Emoto.** Palavras. Disponível em: https://www.masaru-emoto.net/en/crystal-2/. Acesso em: 27 jan. 2021.

Podemos viver uma realidade percebida com base nas ameaças (cérebro sobrevivente) ou oportunidades (cérebro desenvolvido).

O cérebro recebe bilhões de bits de informações por meio dos cinco sentidos fundamentais, que são responsáveis pela nossa interação com o meio ambiente: Tato, paladar, olfato, visão e audição, que, mediante seus principais órgãos (a pele, a língua, o nariz, os ouvidos e os olhos), dotados de células nervosas especiais, chamadas de receptores, captam estímulos e informações do ambiente e do seu próprio corpo, que, então, transmite e converte esses estímulos em impulsos elétricos ou nervosos até o sistema nervoso central, onde serão processados e traduzidos em uma sensação, gerando uma resposta (voluntária ou involuntária).

O cérebro processa somente uma parte dessas informações de uma vez. Por não conseguir trabalhar com tanta informação disponível, o nosso cérebro processa o que entende ser mais importante, conforme seus filtros e metaprogramas naquele momento, suprimindo ou generalizando informações para acelerar o processo.

Filtros e metaprogramas: o modelo de mundo que temos dentro de nós é uma representação interna, um retrato muito particular e individual do que denominamos realidade. Por isso é que dois indivíduos, mesmo que nasçam gêmeos e sejam criados dentro de um mesmo ambiente, compartilhando as mesmas experiências, estudem nas mesmas escolas, com os mesmos professores e colegas, ainda assim vão desenvolver modelos de mundo distintos, oferecendo respostas de qualidades diferentes a determinados estímulos. Isso ocorre porque o processo segundo o qual a mente filtra as informações que recebe e as "remonta como programa" é que determina a forma pela qual emitimos as respostas.

Figura 6 – Filtros e metaprogramas

Fonte: o autor (2018)

Assumindo o meu papel de antropólogo fascinado, desperta-me a seguinte curiosidade: por que as pessoas reagem de formas tão diferentes a informações idênticas ou quase idênticas, enquanto uma ouve uma mensagem e se permite motivar, sente-se energizada, a outra ouve a mesma mensagem e fica neutra, sem expressar qualquer reação?

Sobre esses padrões segundo os quais organizamos as nossas experiências e representações internas para criar esses comportamentos, vamos tratar mais à frente. Abri espaço para incluir aqui esse assunto por considerar importante para o entendimento e a compreensão sobre como funcionamos e como essas informações, via estímulos nervosos, chegam até nosso sistema sobrevivente e, caso sejam aprovadas pelo rígido controle desse sistema, seguem até nosso sistema desenvolvido.

A pergunta que não quer calar é: por que fazemos tantas escolhas por impulso e depois nos arrependemos por não termos analisado a questão com mais calma?

No modo de sobrevivência, seu Cérebro Sobrevivente assume o controle, mudando instantaneamente as prioridades do cérebro e do corpo, dedicando energia para a sua sobrevivência física e emocional. Quando a amígdala, responsável pelo processamento emocional, envia um sinal de socorro ao hipotálamo, este centro de comando o comunica todo o corpo, por meio do sistema nervoso, que reage aumentando a frequência cardíaca, reduzindo a visão periférica e melhorando a concentração na origem do perigo ou nas opções de rota de fuga, reduzindo as funções não essenciais do cérebro e do corpo, fazendo ingestão mais profunda de oxigênio e adrenalina. Essa é uma reação instintiva do nosso sistema de sobrevivência e que tem fundamento na teoria do Cérebro Trino, de MacLean.

Embora esse tipo de reação fisiológica ao estresse tenha sido muito útil para nossos antepassados pré-históricos, atualmente não passa de reação exagerada a ameaças menos letais.

Você sabia que, durante esses períodos de tensão, as glândulas suprarrenais produzem a adrenalina, a noradrenalina e o cortisol?

Uma vez que o estresse é pontual, superada a questão, os níveis hormonais e o processo fisiológico voltam à normalidade, mas, quando aquele se prolonga, os níveis de cortisol no organismo disparam. Níveis elevados de cortisol na corrente sanguínea podem causar problemas como obesidade, diabetes, hipertensão, infarto, alteração do sono, entre outros.

Existem tratamentos para regular esses níveis, mas considere a possibilidade de mudar alguns hábitos, tais como: cuidar da qualidade do seu sono, praticar atividades físicas regulares e na dose adequada, escolher alimentos nutritivos e saudáveis, destinar parte do dia para relaxar, cuidando mais da sua saúde mental e espiritual.

Como manter o cortisol num nível ideal?

Além das orientações do parágrafo anterior, ver também os exercícios propostos neste capítulo, no tema: Como fazer melhores escolhas, agora?, na parte que tratamos sobre o alinhamento do corpo, mente e espírito.

Você conhece a teoria do Cérebro Trino, do neurocientista Paul D. MacLean?

Paul explica que, dentro do nosso cérebro, há "três cérebros" interdependentes, porém distintos, responsáveis pelo comportamento humano, que são: o Reptiliano, o Límbico (emocional) e o Neocórtex. Eles são ativados de acordo com as situações e contextos que vivemos – isso influencia nossas escolhas e decisões e afeta diretamente a qualidade dos nossos relacionamentos.

Cérebro Reptiliano ou sobrevivente: ativado por estímulos externos e responsável pela nossa proteção, age como mecanismo de defesa, respondendo de maneira rápida e automática: lutar ou fugir, ameaça ou oportunidade. Você conhece as expressões "A primeira impressão é a que fica", "Você nunca terá uma segunda chance de causar uma boa primeira impressão" ou "Eu soube que gostava dele desde o primeiro momento que o conheci"? Isso ocorre porque nosso instinto de sobrevivência nos alerta no primeiro contato, num nível inconsciente. Esses julgamentos são instantâneos e ocorrem nos segundos iniciais de um primeiro encontro, quando o inconsciente forma a impressão: ameaça ou oportunidade, confio ou não confio, gosto ou não gosto.

Figura 7 – Teoria do Cérebro Trino, de Paul MacLean

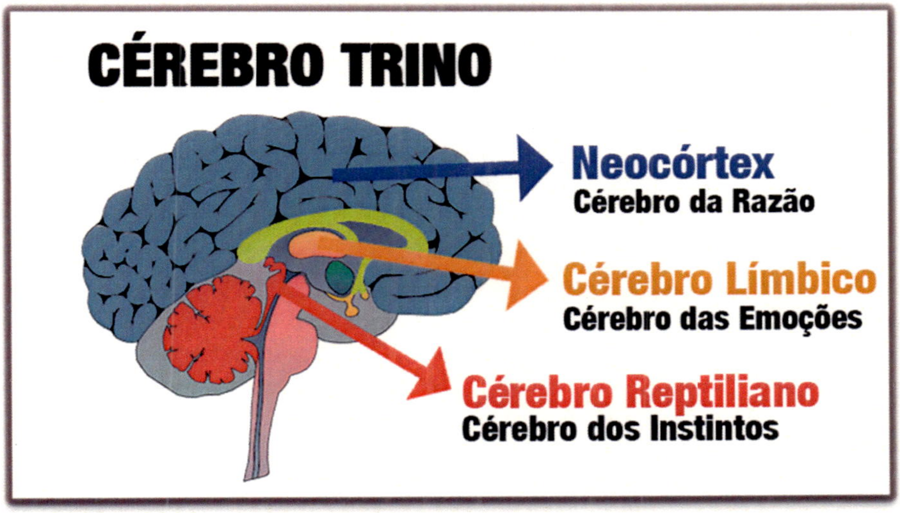

Fonte: o autor (2020)

Segundo Nicholas Boothman, é possível neutralizar essa reação inconsciente nas outras pessoas e encorajar julgamentos instantâneos favoráveis, estabelecendo, dessa forma, um estado de espírito receptivo e expectativas positivas.

Para começar, qual você acha que é a característica número um que as pessoas inconscientemente admiram nas outras? Primeiro, e acima de tudo, a atenção das pessoas é direcionada a indivíduos de aparência saudável e vigorosa, pessoas que estão acrescentando energia ao ambiente, em vez daquelas que estão tirando a energia do lugar. Pessoas procuram quem vai encorajar o crescimento delas, quem vai dar, não tirar. Se existe algo que sugere saúde e vitalidade, é energia positiva, que pode ser projetada na forma como você entra em um ambiente, como ocupa aquele espaço e como dá atenção ao que os outros têm a dizer. Atitude, postura, expressão facial e contato visual influenciam a energia que você irradia, e as pessoas que encontra estão julgando o que você demonstra a cada segundo do seu dia.

No momento em que você ir ao encontro da pessoa, olhe para a pessoa diretamente nos olhos e sorria. Contato visual gera confiança, e sorrir faz com que você pareça feliz e confiante.

Permita que as pessoas notem que você não possui nada ameaçador nas mãos. Caminhar na direção de alguém até então desconhecido, com as mãos nos bolsos, é pedir para iniciar o mecanismo "ameaça ou oportunidade, lutar ou fugir". Carregue uma caneta na mão como um aparato.

Sincronize sua linguagem corporal e o tom de voz com a outra pessoa para efetuar uma conexão imediata. Preste atenção à sua imagem pessoal. Ache um visual marcante que inspire confiança. Ajuste sua atitude para se adequar à situação antes de você se aproximar de alguém.

Capture a imaginação para capturar o coração. Use uma linguagem sensorial rica e imagens para que os outros consigam ver, sentir e, às vezes, até reconhecer o cheiro e gosto do que você quer dizer.

Esteja ciente das suas percepções e atente para que elas não atrapalhem seus relacionamentos, suas conexões, seus negócios.

Uma das maneiras mais fáceis de errar, durante os primeiros instantes de qualquer encontro, é interpretar erroneamente quanto a outra pessoa precisa do seu espaço pessoal. Um erro pode ativar uma resposta que dificilmente será mudada.

Uma invasão inconsciente do espaço pessoal de alguém pode ativar uma resposta que dificilmente será mudada e pode levantar barreiras reais na comunicação. [14]

---

[14] BOOTHMAN, Nicholas. **Como convencer alguém em 90 segundos.** São Paulo: Universo dos Livros, 2012, p. 44.

Figura 8 – A distância interpessoal

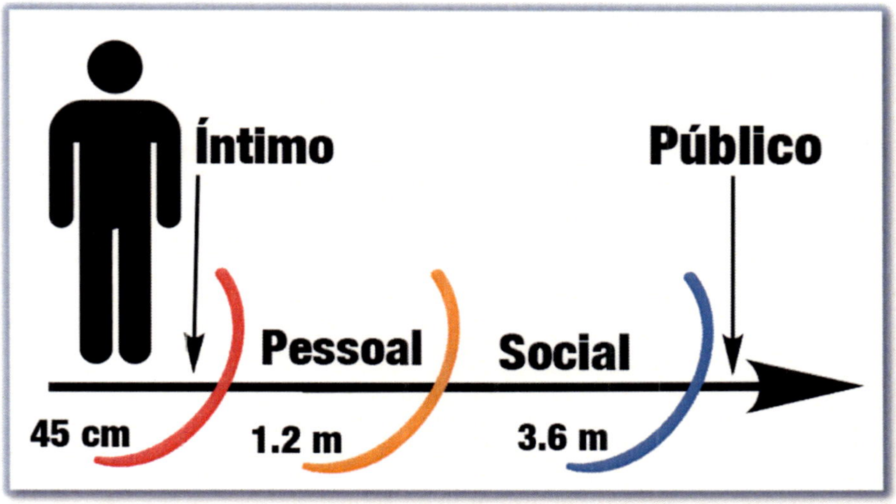

Fonte: o autor (2018)

ABECEDÁRIO DA COMUNICAÇÃO NÃO VERBAL – POR NICHOLAS BOOTHMAN

Já ouviu falar do abecedário da comunicação não verbal? Atitude, linguagem corporal e coerência.

Esteja atento ao que o seu corpo está comunicando; é impossível não se comunicar.

Sua atitude é a primeira coisa que as pessoas captam na comunicação cara a cara. E só você pode conscientemente neutralizar a "ameaça ou oportunidade". Você pode ajustar a sua atitude a seu favor, se você desejar. A chave para você comunicar a sua atitude é a linguagem corporal e a coerência.

Existem duas classes distintas de atitudes: as úteis, que atraem, e as inúteis, que repelem. Atividade engenhosa, curiosa e acolhedora são exemplos das úteis; entediada, hostil e impaciente exemplificam o outro tipo.

Atitudes são reais e podem ser escolhidas de maneira consciente. Por meio das nossas atitudes, treinamos as nossas emoções.

Faz sentido a você que, para liderarmos em determinada situação, você não precisa de status? Você precisa conquistar a confiança, estabelecer um clima de harmonia em relação às outras pessoas e demonstrar intenção de querer ajudá-las. A linguagem corporal e o tom de voz representam mais de 90% do todo, mas sua comunicação verbal precisa ser convincente, seus argumentos precisa atrair a imaginação das pessoas, e, dessa forma, a emoção, usando uma linguagem metafórica "tocar o coração das pessoas".[15]

Existem três atitudes realmente úteis que todos os líderes têm em comum: entusiasmo, curiosidade e humildade. Na combinação certa, essas três atitudes criam uma presença irresistível.

Seja entusiasmado. Entusiasmo é hipnótico, magnético, incontrolável. Não é possível comprar – você só consegue revelá-lo. Ele contagia os outros com sentimentos de excitação, energia e vitalidade. A palavra "entusiasmo" vem do grego, com o significado de "inspirado por uma entidade divina".

Seja curioso. Mostre-me uma pessoa de negócios com sede de aprender algo novo, e vou lhe mostrar alguém que está evoluindo, movimentando-se e fazendo novas conexões. Esteja sempre aberto à sua curiosidade natural.

Abrace a humildade. A maior parte das pessoas bem-sucedidas tem um grande ego e uma tendência de se autopromover, mas consegue se conter e demonstrar apenas uma personalidade baseada em modéstia e a serviço dos outros. Quando um grande ego é envolvido por humildade, torna-se um lindo pacote. Um ego que não é balanceado com humildade é arrogante e feio.

Pense em qualquer grande líder que você admira e você vai achar essas três atitudes no centro do seu sucesso. Entusiasmo, curiosidade e humildade podem ser comportamentos conscientemente escolhidos. Eles podem inspirar sinais inconfundíveis de vigor e receptividade.

Alguns especialistas estimam que 15% do seu sucesso financeiro é determinado pelas habilidades e pelos conhecimentos, enquanto 85% vêm da sua capacidade de conectar-se com outras pessoas e estabelecer confiança e respeito.

---

[15] BOOTHMAN, Nicholas. **Como convencer alguém em 90 segundos.** São Paulo: Universo dos Livros, 2012, p. 67-68.

Eu sou 100% responsável, se minha comunicação falhar ou for bem-sucedida. No mundo dos negócios e na vida, a efetividade da comunicação está nas respostas obtidas.

A linguagem corporal representa mais da metade do todo sobre o qual as pessoas vão reagir e fazer suposições quando estão se conectando com você. Mais frequentemente do que parece, você não está pensando nisso conscientemente. Ao se tornar consciente, você está 50% à frente no jogo.

Linguagem corporal pode ser vagamente dividida entre dois tipos de sinais: aberto ou fechado. A linguagem corporal aberta expõe o coração e é acolhedora, enquanto a fechada aparenta uma leve hostilidade e, às vezes, desinteresse. Em outras palavras, você está constantemente dizendo "Bem--vindo, eu estou aberto a negócios" ou "Sai fora, eu não estou aberto a negócios". Você pode estar se mostrando como uma oportunidade ou uma ameaça; um amigo ou um inimigo; confiante ou desconfortável.

Atenção ao tom de voz – sincronize características vocais

Sincronizar-se com a voz de outra pessoa cria uma harmonia inconsciente, não só em situações cara a cara, mas também em situações de voz, ao telefone, por exemplo. Iguale humor, energia e ritmo ao humor, energia e ritmo da outra pessoa. Essas características vocais vêm de velocidade, afinação, tom e volume da voz.

Coerência

Quando sua linguagem corporal, seu tom de voz e as palavras dizem a mesma coisa, você tem uma atitude completa – isso é chamado de coerência. O que isso realmente significa é que você é "acreditável", verossímil, transmite credibilidade.

O raciocínio do professor Mehrabian, ao estudar a incongruência entre a comunicação verbal e não verbal quando expressamos emoções, é de que as palavras, a voz e a linguagem corporal devem ser consistentes umas com as outras durante a comunicação. As conclusões do estudo sobre como as pessoas comunicam as suas emoções são que, quando as palavras e as mensagens não verbais estão em conflito, o receptor da informação detecta alguma inconsistência, será o não verbal, prioritariamente, a ser utilizado para se obter uma impressão geral sobre a mensagem.

Na comunicação cara a cara, pessoas dão mais credibilidade ao que elas veem, depois ao tom de voz e, por último, às palavras que estão ouvindo.

Vamos ver agora como as emoções afetam nossas escolhas, nossas decisões e a maneira como respondemos ao mundo. [16]

Talvez não haja aptidão psicológica mais fundamental que a capacidade de resistir ao impulso. É a raiz de todo autocontrole emocional, uma vez que todas as emoções, por sua própria natureza, levam a um ou a outro impulso para agir. O significado básico da palavra emoção, lembre-se, é "mover". A capacidade de resistir ao impulso para agir, de subjugar o movimento incipiente, com a maior probabilidade significa, no nível da função cerebral, que os sinais límbicos para o córtex motor são inibidos, embora esse seja um entendimento ainda em especulação.

Daniel Goleman

Qual é a diferença entre emoção e sentimento?

Emoções e sentimentos são criações mamíferas, originadas no sistema límbico.

Emoção é um complexo conjunto de alterações, no corpo, que tem um propósito geral de fazer a vida mais sobrevivível por cuidar de um perigo ou mesmo de uma oportunidade.

Sentimento é um processo subsequente à emoção. É tomar consciência da emoção e conectá-la com o que você percebe dos acontecimentos. É como você se sente em relação à emoção.[17]

No meu entendimento, a emoção é uma reação, normalmente visível por meio da fisiologia, aos estímulos e provocações externos e internos.

Sentimento é o resultado de uma experiência emocional; normalmente, é a forma como eu interpreto o mundo; portanto fala mais sobre mim do que sobre os outros.

---

[16] BOOTHMAN, Nicholas. **Como convencer alguém em 90 segundos**. São Paulo: Universo dos Livros, 2012, p. 60 e p. 83.

[17] COMOLI, Eliane. Sistema límbico – roteiro de aula teórica. Depto Fisiologia – FMRP. **E-disciplinas USP**. Disponível em: https://edisciplinas.usp.br/pluginfile.php/4553029/mod_resource/content/2/Sistema%20Li%CC%81mbico_EC2019.pdf. Acesso em: 26 jan. 2021.

Cérebro Límbico (ou emocional)

Envolvido não apenas com as emoções, mas também possui vital importância para a motivação, o desenvolvimento do aprendizado e a memória. As emoções intensas ativam o sistema límbico, especificamente na região da amígdala. A amígdala tem a função de nos avisar de perigos e colocar em marcha diferentes respostas: ela desencadeia uma cascata de hormônio do estresse, impulsos nervosos, elevação do ritmo cardíaco, aumento de consumo de oxigênio, prepara o corpo para lutar ou escapar de alguma situação.

A amígdala cortical também funciona como um depósito de todo aprendizado emocional, sendo especialista em questões emocionais.

Figura 9 – Cérebro Límbico

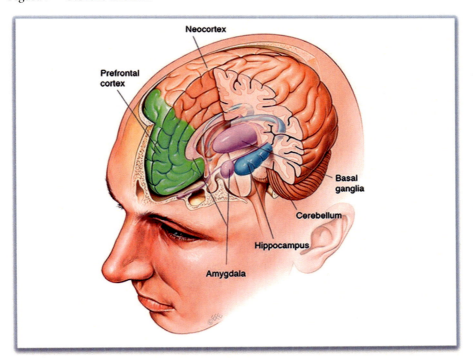

Fonte: Split Rock Rehabilitation and Health Care Center[18]

---

[18] Sr. Split Rock. YOUR BRAIN TRACKS TIME AND ALZHEIMER'S DISEASE, IS THERE A CONNECTION? 2018. Disponível em: https://splitrockrehab.com/tag/hippocampus-and-memory/. Acesso em: 26 jan. 2021.

Como vimos até agora, a maior parte de nossas escolhas é inconsciente e emocional, ou seja, entendo que, sendo repositório da memória emocional, a amígdala, ao ser acionada por estímulos vindos do mundo exterior, examina a experiência, comparando o que está acontecendo agora com o que aconteceu no passado, enviando-nos sinais que facilitam nossas escolhas e decisões, eliminando, de pronto, algumas opções e privilegiando outras. Seu método de comparação é associativo: quando um elemento-chave de uma situação presente é semelhante àquele do passado, pode-se dizer que se "casam" – motivo pelo qual esse circuito é falho: age antes de haver uma plena confirmação. Ordena-nos freneticamente que reajamos ao presente com meios registrados muito tempo atrás, com pensamentos, emoções e reações aprendidos em resposta a acontecimentos talvez apenas vagamente semelhantes, mas ainda assim o bastante para alarmar a amígdala.

> Joseph Ledoux, neurocientista do Centro de Ciência Neural da Universidade de Nova York, foi o primeiro a descobrir o importante papel que a amígdala cortical desempenha no cérebro emocional. Ele faz parte de um novo grupo de neurocientistas que recorrem a tecnologias e métodos inovadores, responsáveis por um nível de precisão antes desconhecido no mapeamento do cérebro em funcionamento, e assim podem desvendar mistérios da mente que gerações anteriores de cientistas julgavam impenetráveis. Suas descobertas sobre os circuitos do cérebro emocional puseram abaixo uma noção há muito existente sobre o sistema límbico, colocando a amígdala cortical no centro da ação e deixando outras estruturas límbicas em funções muito diferentes. A pesquisa de Ledoux explica como essa amígdala pode assumir o controle sobre o que fazemos quando o cérebro pensante, o Neocórtex, ainda está em vias de tomar uma decisão.

A felicidade é um estado mental ativado pelo sistema límbico.

Dr. António Damásio

> Segundo Dr. Damásio, o cérebro emocional está tão envolvido no raciocínio quanto o cérebro pensante. As emoções, portanto, são importantes para a racionalidade. Na dança entre sentimento e pensamento, a faculdade emocional guia nossas decisões a cada momento, trabalhando de mãos dadas com a mente racional e capacitando — ou incapacitando — o próprio pensamento. Do mesmo modo, o cérebro pen-

sante desempenha uma função de administrador de nossas emoções — a não ser naqueles momentos em que elas lhe escapam ao controle e o cérebro emocional corre solto. Num certo sentido, temos dois cérebros, duas mentes — e dois tipos diferentes de inteligência: racional e emocional. Nosso desempenho na vida é determinado pelas duas — não é apenas o QI, mas a inteligência emocional também conta. Na verdade, o intelecto não pode dar o melhor de si sem a inteligência emocional. [19]

Em geral, a complementaridade do sistema límbico e Neocórtex, amígdala e lobos pré frontais significa que cada um é um parceiro integral na vida mental. Quando esses parceiros interagem bem, a inteligência emocional aumenta — e também a capacidade intelectual. Isso subverte a antiga concepção de antagonismo entre razão e sentimento: não é que queiramos eliminar a emoção e pôr a razão em seu lugar, como queria Erasmo, mas, ao contrário, precisamos encontrar o equilíbrio inteligente entre as duas. O antigo paradigma defendia um ideal de razão livre do peso da emoção. O novo paradigma nos exorta a harmonizar cabeça e coração. Fazer isso bem em nossas vidas implica precisarmos primeiro entender com mais exatidão o que significa usar inteligentemente a emoção.

Daniel Goleman

Neocórtex: cérebro racional ocupa 30% do espaço do nosso crânio e se dedica basicamente ao mundo exterior. Suas principais funções são a compreensão dos funcionamentos, cumprir objetivos, gerenciar o tempo, sequenciar as ações. A única questão é que ele é mais lento, a informação precisa passar pelo cérebro reptiliano e pelo cérebro límbico antes de chegar àquele.

No campo do processo evolutivo, nosso neocórtex foi a última camada, e que mais se desenvolveu até agora, em termos qualitativos das sinapses, na evolução dos vertebrados, o que permitiu a evolução da fala e da escrita humana.

Podemos dividir os hemisférios cerebrais em quatro lobos, que recebem o nome de acordo com o osso do crânio situado acima dele:

- **Lobo Frontal**: responsável pela elaboração do pensamento, planejamento, programação de necessidades individuais e emoção.

- **Lobo Parietal**: responsável pela sensação de dor, tato, gustação, temperatura, pressão. Estimulação de certas regiões desse lobo em

---

[19] GOLEMAN, Daniel. **Inteligência Emocional.** Rio de Janeiro: Objetiva, 2005, p. 45/59.

pacientes conscientes produz sensações gustativas. Também está relacionado com a lógica matemática.

- Lobo Temporal: é relacionado, primariamente, com o sentido de audição, possibilitando o reconhecimento de tons específicos e intensidade do som. Tumor ou acidente afetando essa região provoca deficiência de audição ou surdez. Essa área também exibe um papel no processamento da memória e emoção.

- Lobo Occipital: responsável pelo processamento da informação visual.

Embora preferíssemos acreditar que é o intelecto que nos guia, são nossas emoções – as sensações que vinculamos aos pensamentos – que realmente nos guiam.

Anthony Robbin

COMO PERCEBEMOS E REGISTRAMOS AS EXPERIÊNCIAS? QUAIS PADRÕES UTILIZAMOS AO FAZER DETERMINADAS ESCOLHAS?

1. Percepção e realidade – para a moderna neurociência

Nossa percepção não identifica o mundo exterior como ele é na realidade, e sim como as transformações, efetuadas pelos nossos órgãos dos sentidos, nos permitem reconhecê-lo. Assim é que transformamos fótons em imagens, vibrações em sons e ruídos e reações químicas em cheiros e gostos específicos. Na verdade, o universo é incolor, inodoro, insípido e silencioso.

Para a moderna neurociência, o real conceito de percepção começou a brotar, quando Weber e Fechner descobriram que o sistema sensorial extrai quatro atributos básicos de um estímulo: modalidade, intensidade, tempo e localização, atualmente não mais se admite, como acontecia no passado, que o nosso universo perceptivo resulte do encontro entre um cérebro "ingênuo" e as propriedades físicas de um estímulo. Na verdade, as percepções diferem, qualitativamente, das características físicas do estímulo, porque o cérebro dele extrai uma informação e a interpreta em função de experiências anteriores com as quais ela se associe.

Nós experimentamos ondas eletromagnéticas, não como ondas, mas como cores. Experimentamos objetos vibrando, não como vibrações, mas como sons. Experimentamos substâncias químicas dissolvidas em ar ou água, não como químicos, mas como cheiros e gostos específicos. Cores, tons, cheiros e gostos são construções da mente, a partir de experiências sensoriais. Eles não existem, como tais, fora do nosso cérebro. Na verdade, o universo é incolor, inodoro, insípido e silencioso.

Assim, já se pode responder a uma das questões tradicionais dos filósofos: Há som, quando uma árvore desaba numa floresta, se não tiver alguém para ouvir? Não, a queda da árvore gera vibrações. O som só ocorre se elas forem percebidas por um ser vivo! As informações, oriundas do meio ambiente ou do próprio corpo, são captadas pelos sistemas sensoriais e o cérebro as utiliza para três funções: percepção, controle dos movimentos corporais e manutenção do estado de vigília.

O sistema sensorial começa a operar quando um estímulo, geralmente ambiental, é detectado por um neurônio sensitivo, o primeiro receptor sensorial. Este converte a expressão física do estímulo (luz, som, calor, pressão, paladar, cheiro) em potenciais de ação, que os transformam em sinais elétricos. Daí ele é conduzido a uma área de processamento primário, onde se elaboram as características iniciais da informação: cor, forma, distância, tonalidade etc., de acordo com a natureza do estímulo original.

Em seguida, a informação, já elaborada, é transmitida aos centros de processamento secundário do tálamo (se originada por estímulos olfativos, ela vai ser processada no bulbo olfatório e depois segue para a parte média do lobo temporal). Nos centros talâmicos, à informação se incorporam outras, de origem límbica ou cortical, relacionadas com experiências passadas similares.

Finalmente, bem mais alterada, a informação é enviada ao seu centro cortical específico. A esse nível, a natureza e a importância do que foi detectado são determinados por um processo de identificação consciente a que denominamos percepção.

O que percebemos?

Percebemos o mundo ao redor, através dos nossos sistemas sensoriais. Cada sistema é nomeado de acordo com o tipo da informação: visão, audição, tato, paladar, olfato e gravidade. Esta última ligada à sensação de equilíbrio. Discretos receptores sensitivos captam estímulos proprioceptivos, que indicam a posição do corpo e de suas partes, enquanto outros, que recebem estímulos denominados cinestésicos, são responsáveis pela monitorização dos movimentos, auxilian-do-nos a andar, correr e realizar outras atividades cinéticas, segura e coordenadamente.

"Sensores", mais sutis, captam informações como temperatura, excitação sexual e volume sanguíneo. Cada um dos sistemas sensoriais também distingue as qualidades do sinal detectado. Assim é que percebemos a luz em termos de cor e brilho. Em um som, detectamos tonalidade e altura. O paladar indica se o alimento é doce, amargo ou salgado. Receptores táteis permitem distinguir como as sensações atuam sobre a pele: por pressão contínua ou por vibração. Receptores especiais informam sobre a intensidade de cada estímulo, enquanto outros dizem de onde ele vem, quando começou e por quanto tempo persiste.

Ainda que dois seres humanos dividam a mesma arquitetura biológica e genética, talvez o que eu percebo como uma cor distinta e cheiro, não é exatamente igual à cor e cheiro que você percebe. Nós damos o mesmo nome a esta percepção, mas nós não sabemos como elas se relacionam à realidade do mundo externo. Talvez nunca saibamos.[20]

2. Percepção da realidade – perspectivas filosóficas

Os filósofos, durante séculos, vêm discutindo os modos como podemos conhecer o mundo exterior. Os argumentos refletem uma preocupação quanto à validade das experiências sensoriais e a sua relação com nossas crenças. Embora o entendimento do mundo venha da informação captada pelos nossos sentidos, podemos confiar nos sentidos para conhecer a verdade? Não podemos estar iludidos em relação ao mundo? Qual a impor-tância da percepção da realidade para a filosofia?

Talvez, como Platão sugeriu no Livro VII d'*A República*, seja-mos como prisioneiros numa caverna, isolados do mundo, de tal forma que só podemos ver sombras do mundo exterior. A importância de pensar sobre a percepção pode ser medida pelo tratamento que alguns dos mais proeminentes filósofos deram à visão: segundo Platão, a diferença entre o filósofo e o homem comum estava justamente na visão completa das

---

[20] OLIVEIRA, Jorge Martins de. Percepção e Realidade. **Cérebro & mente** – opinião e discussão. Disponível em: https://cerebromente.org.br/n04/opiniao/percepcao.htm. Acesso em: 26 jan. 2021.

ideias. Segundo o mito da "Parelha alada", encontrado no diálogo *Fedro*, o filósofo era aquele que, num mundo anterior, antes que sua alma habitasse um corpo humano, haveria percebido as essências (ou ideias) com maior atenção. Assim, a mera visão (no sentido puramente fisiológico) é limitada e nos apresenta apenas as sombras das coisas, enquanto a visão filosófica e completa nos apresenta a essência das coisas.

Descartes questionava todo e qualquer conhecimento adquirido pela percepção por meio dos cinco sentidos, e foi justamente essa desconfiança que deu origem a sua filosofia. Para o filósofo, a informação que percebemos, tanto pela visão quanto pelas demais formas de percepção, poderia facilmente nos enganar, chegando a acreditar que confundimos inclusive o que é sonho ou realidade. Na busca pelo conhecimento verdadeiro, Descartes deu origem ao racionalismo, corrente filosófica que acreditava que apenas a razão pode nos dar certezas, já que os sentidos nos enganam.

Percepção da realidade: ilusão e ambiguidade

Imagem do pato-coelho utilizada pelo filósofo austríaco Wittgenstein para demonstrar a ambiguidade da percepção, que por sua vez gera uma linguagem imprecisa. O animal da figura pode ser um coelho ou um pato. Um exemplo de "percepção mutável".

Figura 10 – Ambiguidade da percepção, de Wittgenstein

Fonte: El Español Omicrono[21]

[21] RAYA, Adrian. ¿Es un pato o un conejo? **El Español** – Omicrono, 08 mar. 2019. Disponível em: https://www.elespanol.com/omicrono/20190308/conejo-ia-google-resuelve-clasica-ilusion-optica/381713002_0.html. Acesso em: 26 jan. 2021.

Sabemos que podemos ser enganados às vezes por ilusões visuais. Sabemos que as pessoas enxergam de modo diferente em razão de problemas como miopia, hipermetropia, daltonismo ou astigmatismo; e que as visões dos objetos podem ser diferentes de acordo com a hora do dia. O estudo da visão humana pode ser feito pelo seu lado anatômico, fisiológico ou até mesmo psicológico, entre outros.

Certamente, nossa percepção é diferente de quem convive em contato com diferentes ambientes, como os indígenas ou os esquimós. Também podemos investigar como o contato com a televisão, o cinema, a fotografia, o computador e outras tecnologias alteram nossa percepção da realidade e as interpretações que fazemos do mundo.

Quando vemos, ouvimos, sentimos, e os sentidos correspondem àquilo que realmente é, dizemos que percebemos a realidade. Contudo, podemos nos enganar se houver ilusões ou mesmo alucinações. As ambiguidades da percepção geram problemas de linguagem, pois falamos de uma coisa achando que é outra, como no caso da imagem do "pato-coelho" reproduzida.

3. A realidade é como percebemos

Einstein e a física quântica derrubaram a objetividade imparcial: a mente e a realidade são inseparáveis.

Semana passada, descrevi como a física moderna vê a realidade como sendo composta de várias camadas, cada qual com seus princípios e leis.

Isso vai contra o reducionismo mais radical, que diz que tudo pode ser compreendido partindo do comportamento das entidades fundamentais da matéria. Segundo esse prisma, existem apenas algumas leis fundamentais. Delas, todo o resto pode ser determinado. Gostaria de retornar ao tema hoje, mas focando num outro aspecto dessa questão que é bem complicado: o que é realidade e como percebemos.

Começo contrastando os filósofos Hume e Kant. Para Hume, o conhecimento vem apenas do que captamos com nossos sentidos. Baseados nesta informação, construímos a noção de realidade. Portanto, uma pessoa que cresceu sem qualquer contato com o mundo externo e que é alimentada por soros não seria capaz de reflexão.

Kant diria que existem intuições já existentes desde o nascimento, estruturas de pensamento que dão significado à percepção sensorial. Sem elas, os dados colhidos pelos sentidos não fariam sentido. Duas dessas intuições são as noções de espaço e de tempo: elas costuram a estrutura da realidade, conectando e dando sentido ao fluxo de informação que vem do mundo exterior. Uma mente com estruturas diferentes, portanto, teria uma noção diferente da realidade.

Kant não diz que o sensório não é importante. Para ele, mesmo que o conhecimento comece com a experiência externa, não significa que venha desta experiência. Precisamos do fluxo de informação sensorial, mas construímos significado partindo de nossas intuições: os dados precisam ser ordenados no tempo e arranjados no espaço.

Durante as primeiras décadas do século 20, duas revoluções forçaram uma reavaliação da ordem kantiana. A relatividade de Einstein combinou espaço e tempo. Deixaram de ser quantidades absolutas, tornando-se dependentes do observador.

O que é real para um pode não ser para outro. A teoria de Einstein restaura uma forma de universalidade, pois provê meios para que observadores diferentes possam comparar suas medidas de espaço e tempo.

A segunda revolução veio com a física quântica. Para nossa discussão hoje, seu aspecto mais importante é a relação entre o observador e o observado. Na época de Kant, a separação entre os dois era absoluta. No mundo quântico dos átomos e partículas, a natureza física de um objeto (se um elétron é uma partícula ou uma onda, por exemplo) depende do ato de observação.

Ou seja, as escolhas feitas pelo observador induzem a natureza física do que é observado: o observador define a realidade. E, como a intenção do observador vem de sua mente, a mente define a realidade. A mente precisa ainda das intuições a priori para interpretar o real, mas ela participa desta interpretação.

A objetividade imparcial se torna, então, obsoleta, já que mente e realidade se tornam inseparáveis. Se essa relação na camada quântica afeta outras camadas é ainda objeto de discussão. [22]

---

[22] GLEISER, Marcelo. A realidade é como percebemos. **Folha de S. Paulo** – Ciência, 14 nov. 2010. Disponível em: https://www1.folha.uol.com.br/fsp/ciencia/fe1411201004.htm. Acesso em: 29 jan. 2021.

4. Consciência cria realidade – físico admite que o Universo é imaterial, mental e espiritual

O fluxo de conhecimento está caminhando em direção a uma realidade não mecânica; o universo começa a se parecer mais com um grande pensamento do que com uma grande máquina. A mente já não parece ser uma intrusa acidental no reino da matéria. Devemos superar isso, e aceitar a conclusão indiscutível.

A CONSCIÊNCIA CRIA A REALIDADE

Uma declaração que ganhou muita atenção em vários meios de comunicação alternativos em todo o mundo. E não se engane: a consciência tem sido, por algum tempo, estudada por numerosos cientistas, especialmente em sua relação com a física quântica e como ela pode ser correlacionada com a natureza da nossa realidade.

O que é a consciência?

Consciência inclui uma série de coisas. É a forma como percebemos nosso mundo, nossos pensamentos, nossas intenções e muito mais.

A afirmação de que "a consciência cria realidade" traz diferentes questões. Será que isso significa que nós, como indivíduos (e, em nível coletivo, como raça humana), podemos moldar e criar qualquer realidade de que gostaríamos para nós mesmos? Será que isso significa que podemos manifestar um certo estilo de vida e atrair determinadas experiências? Isso acontece instantaneamente? Leva-se tempo? Como fazemos isso?

Buscar a consciência no cérebro é como olhar para rádio em busca do locutor.

Nassim Haramein

Embora ainda não seja possível responder a essas perguntas com certeza científica, sabemos que sim, realmente existe uma correlação entre a consciência e o mundo material físico, de alguma maneira. O alcance dessa correlação (de novo de um ponto de vista científico moderno) ainda não é bem compreendido, mas sabemos dessa correlação, e sabemos que há um forte significado.

A conclusão fundamental da nova física também reconhece que o observador cria a realidade. Como observadores, estamos pessoalmente envolvidos com a criação da nossa própria realidade. Os físicos estão sendo obrigados a admitir que o universo é uma construção mental.

Físico Sir James Jeans

Evidência: o experimento da dupla fenda quântica

O experimento da dupla fenda quântica é uma experiência muito popular usada para examinar como a consciência e o nosso mundo material físico estão interligados.

Uma revelação potencial dessa experiência é que "o observador cria a realidade".

Um artigo, publicado na revista Physics Essays, de Dean Radin, PhD, explica como essa experiência tem sido utilizada várias vezes para explorar o papel da consciência na formação da natureza da realidade física.

Nesse experimento, um sistema óptico de dupla fenda foi usado para testar o possível papel da consciência no colapso da função de onda quântica.

Foi previsto diminuir a proporção da fenda espectral de potência dupla do padrão de interferência à sua única potência espectral fenda, quando a atenção estava voltada para a dupla fenda, diferentemente de quando estava longe desta.

O estudo constatou que os fatores associados com a consciência "significativamente" estão correlacionados de maneira prevista com perturbações no padrão de interferência da dupla fenda.

A observação não somente causa interferência ao que será medido, mas também produzem isto. Nós obrigamos o elétron a assumir uma posição definitiva. Nós mesmos produzimos os resultados da medição.

Embora essa seja uma das experiências mais populares usadas para concluir a ligação entre a consciência e a realidade física, existem vários outros estudos que mostram claramente que a consciência, ou fatores que estão associados a essa consciência, está diretamente correlacionada com a nossa realidade de alguma forma.

Uma série de experiências no campo da parapsicologia também já o demonstrou.

Claro, podemos não entender a extensão dessa ligação, e na maioria dos casos os cientistas não conseguem explicá-la pelos meios tradicionais de medição. No entanto, eles têm sido observados.

A ciência moderna atual, especialmente a física quântica, tem vindo ao encontro do misticismo antigo. Um grande exemplo é o interesse da física quântica por temas como meditação, acupuntura, chakras, energias, reiki e outros temas que já eram de conhecimento dos místicos milenares do Oriente.

A conclusão é que tudo é energia, nada é sólido.
Nós somos o que pensamos, tudo o que somos surge com nossos pensamentos, com nossos pensamentos fazemos o mundo.

Buda

De um modo geral, embora existam algumas diferenças, acho que a filosofia budista e Mecânica Quântica podem apertar as mãos sobre a sua visão do mundo. Podemos ver nestes grandes exemplos os frutos do pensamento humano.

Dalai-lama

Afinal de contas, por que isso é relevante?

É relevante porque a nova física, como mencionado, está apontando para o fato de que o observador molda a realidade. A nossa forma de pensar e perceber desempenha um papel vital na construção física que vemos diante de nós.

Nenhum problema pode ser resolvido a partir do mesmo nível de consciência que o criou.

Albert Einstein

Se olharmos para o mundo e o examinarmos em um nível coletivo, o que vemos? Como podemos perceber isso? Neste momento, as massas nascem, vão à escola, pagam contas, criam sua família e encontram um "trabalho" dentro do atual paradigma para se sustentar. Esse é o mantra da vida moderna. Estamos como robôs, que são treinados a crer nessa realidade.

Existe uma espécie de lavagem cerebral para aceitar as coisas como elas são, sem questionar o que está acontecendo por trás e para continuar com o status quo, só cuidar de nós mesmos e de nossas próprias vidas. Como Noam Chomsky diria, o nosso consentimento foi fabricado.

Se continuarmos por esse caminho ofuscados por essa realidade, em essência prolongaremos esse tipo de existência e experiência para a raça humana, sem nunca haver mudanças conscienciais e realmente consistentes. Muitas pessoas no planeta não estão em ressonância com essas experiências.

O que muda a forma como percebemos a realidade? Informação. Quando uma nova informação surge, isso muda a forma como olhamos para as coisas e, como resultado, nossa realidade muda; nós começamos a manifestar uma nova experiência e abrimos nossas mentes para uma visão mais ampla da realidade.

O que também é importante sobre os ensinamentos da nova física é que, se os fatores de consciência são associados com a criação da nossa realidade, isso significa que a mudança começa por dentro. Ela começa quando estamos observando o mundo exterior com base em nosso mundo interior.

Então, pergunte a si mesmo: você está vivendo feliz? Você está observando, percebendo sua realidade, seu mundo e agindo de um ponto de amor, paz, generosidade, unicidade? Ou do ponto de vista do ódio, da raiva, do rancor, do ciúme, do conflito? Lembre-se de que a consciência cria sua realidade.

Somos de fato os observadores, podemos criar a mudança e quebrar padrões para abertura de novas possibilidades, mudar nossa direção, durante todo o caminho em que observarmos a nós mesmos, os outros e o mundo que nos rodeia.

Eu acredito que a raça humana está em processo de despertar para uma série de novas possibilidades, simultaneamente. Como resultado, a maneira como percebemos o mundo à nossa volta (em grande escala) está começando a mudar drasticamente.

Então, se você quiser ajudar a mudar o mundo, mude sua maneira de olhar as coisas, e as coisas que você olha mudarão.

Não há nada de novo a ser descoberto na física agora. Tudo o que resta é a medição mais precisa.

Esta declaração acima (visão de mundo), foi escrita por Lord Kelvin em 1900, e foi derrubada cinco anos mais tarde, quando Einstein publicou seu artigo sobre a teoria da relatividade. As novas teorias propostas por Einstein desafiaram completamente o entendimento da época. Isto obrigou a comunidade científica a se abrir para uma visão alternativa sobre a verdadeira natureza da nossa realidade. [23]

Seja a mudança que você quer ver no mundo.

Mahatma Gandhi

Assumindo novamente a minha identidade de antropólogo fascinado, fiz questão de citar como esse importante assunto é visto pelo prisma de vários seguimentos, perspectivas, teorias, pensamentos, e faz muito sentido para mim a afirmação de que percebemos a realidade como somos, e não como a realidade de fato é, mesmo com todos os sentidos neurológicos plenamente apurados – audição afinada, visão perfeita, olfato aguçado etc. Este conteúdo, assim como a fonte, está aí para que você faça análise e assimile o que fizer sentido a você, considerando o seu atual nível de consciência.

Com uma coisa temos que concordar: é fundamental autoconhecimento, evitar conclusões, estarmos abertos à compreensão e aos aprendizados.

Nós somos a maneira do Universo conhecer a si mesmo. Alguma parte de nosso ser sabe que é de lá que nós viemos. Nós desejamos retornar. E nós podemos, pois o cosmos está também dentro de nós. Somos feitos de matéria estelar.

Carl Sagan

MAS O QUE TUDO ISSO TEM A VER COM AS NOSSAS ESCOLHAS?

Como vimos, colocando de uma forma bastante simples, para facilitar a compreensão ou confundir um pouco mais, após alguns conceitos brilhantemente elaborados, percebemos as coisas em vários níveis de consciência, partindo do pressuposto de que a realidade é o que representamos internamente, vindo do mundo exterior ou interior. A realidade não é boa ou ruim, não tem gosto doce ou azedo, não tem cheiro de hortelã ou cheiro de rosa, não tem cor azul celeste ou verde-limão, não é brilhante ou fosca, estática ou dinâmica.

Nós captamos neurologicamente as informações visuais, auditivas, táteis cinestésicas, proprioceptivas, olfativas e gustativas, processamos

---

[23] DUARTE, Tales Luciano. Saia da Caixinha. **Yogui.co**. Disponível em: https://yogui.co/consciencia-cria-realidade-fisicos-admitem-que-o-universo-e-imaterial-mental-e-espiritual/. Acesso em: 26 jan. 2021.

pelos nossos filtros perceptivos – nossas crenças, ideias, experiências, foco, valores, memórias.

Para melhor compreendermos nossos padrões de respostas aos estímulos, tanto externos quanto internos, vamos nos concentrar em como arquivamos essas informações, quais são nossas modalidades preferenciais ao experenciarmos determinadas situações, que padrões seguimos ao fazermos determinadas escolhas.

O mapa não é o território.

Alfred Korzybski

Nosso mapa (percepção da realidade) não representa o território (realidade).

Korzybski dizia que a realidade externa de uma pessoa é identificada por meio dos seus filtros mentais. Estes são os que identificam o que é relevante e o que não é relevante para criarmos nossa representação interna, mapa mental daquilo que vivemos.

Nosso mapeamento mental, concebido e construído em termos abstratos, como esperanças, sonhos, visões, valores, expectativas, intenções, memórias, imaginações e dezenas de outros níveis lógicos que podemos criar em nossa mente, é único e individual, ou seja, cada um de nós tem experiências de vida diferentes, o que nos leva a criar mapas mentais distintos.

O autoconhecimento e conhecimento dessas estruturas é extremamente importante, pois um dos grandes erros é achar que os outros são como nós.

Faz sentido para você que grande parte dos conflitos entre pessoas venha da falta de habilidade em se fazer entender, comunicar, conectar? Muitos conflitos ocorrem por forçarmos o outro a aceitar o nosso mapa mental de realidade, nossa maneira de perceber as coisas.

Compreendendo que cada ser humano percebe o universo de uma forma muito particular, que cada um de nós vive numa realidade que nós criamos, que o que é certo para você pode não ser certo para mim – e está tudo bem –, o respeito e a tolerância a escolhas, opiniões, preferências será algo mais constante em nossos relacionamentos.

Esses filtros, que determinam como percebemos o mundo à nossa volta, conhecidos em PNL como metaprogramas, também têm uma grande influência em como nos comunicamos com as pessoas e nos comportamentos que manifestamos.

Os padrões de metaprogramas são fundamentais para o nosso entendimento de como filtramos a realidade e como optamos por determinadas escolhas, considerando que esses programas mentais operam em níveis inconscientes e habituais que aplicamos sistematicamente em nossas experiências.

Os metaprogramas foram trazidos para a PNL por Richard Bandler e Leslie Cameron Bandler e, posteriormente, foram especialmente desenvolvidos para serem utilizados na área empresarial, em áreas como marketing, vendas, formação de equipes, mudanças organizacionais, apresentações, negociações, recrutamento, escolhas do trabalho ideal etc., por Rodger Bailey, como o *Perfil da Linguagem e do Comportamento*. A origem deriva do psiquiatra suíço Carl Jung (1875-1961), que criou uma tipologia de características da personalidade para prever o comportamento humano.

Importantes pontos a considerar: em uma mesma situação podemos aplicar diversos metaprogramas e os mesmos metaprogramas nas mais diferentes situações. Nosso leque de opções se abre quando nos deparamos com uma experiência. Podemos comprar um carro pela beleza, potência do motor e velocidade ou pela segurança e confiabilidade. Nesse exemplo o metaprograma utilizado foi o de "ir em busca de coisas positivas" ou de "fugir de coisas negativas", respectivamente.

- Exibir um conjunto particular de metaprogramas num contexto específico (por exemplo: no trabalho ou em casa) não significa que você tenha o mesmo padrão em todos os contextos. Os metaprogramas também podem mudar ao longo do tempo, como resultado de um despertar consciente, alterando alguns padrões de escolhas.

- Por meio da compreensão dos nossos próprios padrões mentais e também dos outros, podemos transmitir a nossa mensagem com mais eficiência, seja para convencer alguém a comprar alguma coisa, seja para que ouça e compreenda o que estamos tentando passar por meio daquela mensagem. O conhecimento e a compreensão das características dessas estruturas vão ajudá-lo a entender atitudes e reações, prever comportamentos, fatores motivadores, fornecendo melhores maneiras para lidar com elas.

O primeiro laboratório prático convive com você 24 x 7, entretanto é muito útil utilizar essa ferramenta para entender como o outro funciona, seja no universo pessoal, seja no profissional.

Você sabia que essa ferramenta, em conjunto com rapport, é muito útil na relação direta com clientes?

Como já vimos no tópico sobre habilidades em estabelecer conexões, você neutraliza o dispositivo de defesa primitivo (ameaça ou oportunidade, lutar ou fugir) da outra pessoa adotando uma postura que inspire confiabilidade, olhando diretamente nos olhos, demonstrando intenção de ajudá-la, estabelecendo uma ligação de empatia e sintonia.

Depois de estabelecida a conexão, que acontece ou não nos primeiros segundos de contato, você precisa de pistas quanto ao que motiva as escolhas da pessoa que está na sua frente. Para isso, como eu sempre digo nos treinamentos, "Um bom Vendedor, Negociador, Terapeuta, Coach, Instrutor... precisa ter a habilidade de fazer perguntas poderosas". Uma forma poderosa de controlar o foco é via perguntas. O cérebro lhe dará respostas para tudo o que você souber perguntar, e as perguntas certas são a chave para desbloquear nosso potencial ilimitado. No treinamento de *Practitioner* e *Master* que fiz com o Dr. Nelson Spritzer na Dolphin Tech de Porto Alegre, ele demonstra, com toda sua expertise em PNL, como utilizar perguntas superpoderosas (Perguntas Reversoras) para extração de Crenças Limitantes, que normalmente se manifestam com sintomas de desesperança, impotência, inutilidade ou incapacidade e se localizam numa base sensorial profunda.

A propósito, você sabia que, quando você pergunta "Por quê?" estará direcionando a resposta com base nas experiências do passado, crenças, explicações e justificativas, desculpas etc., que não vão de encontro à solução, se este for o objetivo da pergunta? Se o objetivo da pergunta é gerar uma reflexão, uma resposta, uma estratégia de ação que esteja alinhada com a solução, pergunte "Como" ou "O quê".

Pode parecer um detalhe, mas a maneira como você usa as palavras faz toda a diferença no resultado ou em como as pessoas reagem a você.

Importante: você se deu conta de que estou citando alguns institutos, treinadores, treinamentos e deve estar se perguntando qual a minha intenção fazendo isso. Pode descartar a opção de alguma vantagem financeira. Faço questão de compartilhar e indicar o que conheço e, no caso de treinamentos, aqueles que testei e estão sendo muito úteis para o meu desenvolvimento e evolução. Minha intenção não é professorar autoconhecimento. Eu quero viver o autoconhecimento e compartilhar o que estou vivendo.

Quero ressaltar e alertar você sobre um padrão de comportamento que frequentemente tenho visto nos meus treinamentos – muitas vezes, pessoas buscando soluções imediatas e mágicas, que chamo de remediativas, superficiais, para situações que requerem aprofundamento. Talvez, e somente talvez, estejam influenciadas pela ilusão do "imediatismo", procurando receitas milagrosas sem sequer terem se dado a missão de ter estudado o manual do usuário sobre o funcionamento do corpo físico, emocional, espiritual.

Permita-me compartilhar com você como e quando mergulhei mais fundo nessa jornada de autoconhecimento: depois de muitos anos trabalhando com pessoas, após ter concluído um curso de especialização pela PUC e um MBA pela FGV, dei-me conta de que eu precisava me aprofundar sobre algo que não havia aprendido em toda a minha vida acadêmica ou durante minha experiência profissional até então – desenvolver habilidades em relacionamento humano, entender como minha mente misteriosa e meu cérebro funcionavam e, entendendo melhor como eu funcionava, desenvolver minha acuidade sensorial.

Foi quando eu fui convidado por um colega de trabalho – Alex, que muito insistiu nisto – a fazer um curso de imersão num fim de semana, o famoso "DL", com uma das equipes mais competentes que conheci nesse meio, sob o comando do Zanetti e da Michelle Pajak, de Porto Alegre. Esse fascinante treinamento me fez perceber que eu estava apenas começando, praticamente engatinhando nessa jornada de autoconhecimento. Evidentemente que, desde muito cedo, eu me interessava por aprender e sempre fui um explorador curioso, mas pela primeira vez eu estava trilhando um caminho que fazia muito sentido para mim, eu estava me encontrando e senti confiança em me aprofundar; e desde aquele treinamento em 2014 tem sido o que eu tenho feito. Depois do "DL", fiz o "Practitioner e o Master Practitioner em PNL", "Negociação e Vendas" e "Transformação Essencial", todos pelo Inexh, "Comunicação e Vendas" pela CDL de Porto Alegre, "Método Silva de Controle Mental" com o renomado Sr. Omar Jaled Mustafa Chama, "Radiestesia", "Hipnose e Trainer em PNL", além do "Practitioner e o Master" pela Dolphin Tech, com o fantástico Dr. Nelson Spritzer, "Professional e Self Coaching" pelo IBC, "Treinamento Comportamental" com renomado Sensei Massaru Ogata e sua brilhante equipe, pelo IFT, e "Hipnose Clínica Internacional" com o Lucas Naves...

Continuo nessa jornada, aprofundando-me no aprendizado de técnicas, conceitos e ferramentas que transcendem o tangível, ampliando minhas escolhas e cada vez mais fascinado com as descobertas, cada vez mais intensas.

A PNL tem me ajudado muito a entender a diferença que faz a diferença: como me comunico comigo mesmo e com tudo e todos ao me redor. Como represento cada fato, experiência e acontecimento ao longo da minha vida e, dependendo do resultado esperado, quais estratégias utilizar para conseguir alta performance, estando sempre atento ao fato de que nossas escolhas e decisões, conforme estamos vendo neste primeiro capítulo do livro, são motivadas pelo nosso cérebro emocional. Em PNL também entendi que, se "alguém neste planeta consegue determinados resultados, eu também posso conseguir, estudando quais estratégias que a ajudaram a ter sucesso, seu padrão mental, sua frequência comportamental, características e atitudes, e adaptando a minha realidade".

Se um homem, um ser humano da mesma espécie que eu, tem êxito em atingir os seus objetivos, então eu possuo em mim os recursos para aprender a fazer o mesmo.

John Grinder

Compreender que "nós criamos nossa própria realidade" me tornou um ser humano mais tolerante quanto às formas de pensar e agir das outras pessoas, afinal "cada ser humano faz o melhor que pode com os recursos que consegue ativar naquele momento". Somos um oceano de possibilidades e potencialidades, mas, estando num estado pobre de recursos, agiremos como seres primitivos, fazendo uso de nosso escasso repertório de ferramentas. Faz muito sentido para mim que "não existe esse negócio de fracasso, só existem resultados"; e que sou eu ou você quem dá o significado para esses resultados, dependendo de nossos filtros e crenças.

Fiquei ainda mais fascinado com as ferramentas e técnicas utilizadas na PNL quando descobri que "todo comportamento tem uma intenção positiva", inclusive tudo que minha mente cria: medos, traumas, fobias, transtornos, comportamentos indesejados...

Lembro que tudo isso são pressupostos, crenças, que fazem sentido para mim. Pode não fazer sentido para você, e tudo bem, afinal a primeira chave para a mudança representa o sistema de crenças da pessoa. O que você pensa e acredita ser possível determina o que você pode ou não fazer. Crenças são profecias autorrealizáveis, ou seja, as suas verdades dão coerência e congruência a mensagens que você envia para o seu sistema nervoso que avisa seu cérebro para produzir aquele resultado que deseja com aquela mensagem. Precisamos estar atentos às crenças limitadoras, àquelas que nos impedem ou dificultam que alcancemos os resultados que queremos.

Muitas dessas crenças e desses paradigmas existem desde a nossa infância e estão controlando a nossa vida sem que percebamos. Você já se notou em algum momento defendendo "com unhas e dentes" uma crença, como uma verdade, simplesmente porque sentiu que ela estava sendo desafiada, ameaçada? Será que, ao defender essas "verdades", você não estava dando vazão a suas inseguranças e bloqueios emocionais?

Nossas crenças limitantes vão se reforçando ao longo do nosso desenvolvimento e são encaradas como verdades.

Alerta: quanto mais eu me identifico com o meu sistema de crenças, mais me distancio da dimensão espiritual que existe dentro de mim. Quando minhas crenças e meus padrões falam mais alto, refletem uma realidade muito distorcida.

Estou persistindo nesse assunto com intenção de incentivar você a investir mais e mais em autoconhecimento, autocuidado, autoimagem. Temos o hábito de dar maior atenção à nossa vida profissional, financeira, econômica, social e, muitas vezes, deixamos em segundo plano a família e, em último plano, a pessoa mais importante da sua vida: você.

O poder pessoal é necessário para sua existência neste plano, por isso invista em formação e autoconhecimento.

> Através da história, o poder de controlar nossas vidas e das pessoas ao nosso redor, tomou muitas formas diferentes: Nos tempos primitivos, os mais fortes, mais rápidos, detinham o poder suas vidas e daqueles a sua volta.
>
> Com o desenvolvimento da civilização, o poder passou a resultar de herança. Eram passados de pais para filhos. Primeiro o poder exercido pelo regime de Monarquia, ainda existente em alguns países até os dias de hoje, depois o poder de quem detinha a posse das terras, os senhores feudais, que eram nobres que viveram na época da Idade Média (século V ao XV). Possuíam muito poder político, militar e econômico. Eram proprietários dos feudos (unidades territoriais) e possuíam muitos servos trabalhando para eles.
>
> Na era industrial o capital era o poder.

> Tudo isso ainda é válido, é melhor ter força física e agilidade do que não ter, é melhor ter capital do que não ter, no entanto, nos dias de hoje, estamos vivendo na era da informação, na era digital. O poder está acessível a qualquer pessoa que detenha informação e os meios para comunicá-la.
>
> Comunicação é poder. Aqueles que dominam seu uso efetivo podem mudar sua própria experiência do mundo e as experiências do mundo sobre si mesmo. Aqueles que influenciam os nossos pensamentos, sentimentos e ações, são aqueles que sabem muito bem utilizar este instrumento de poder.
>
> Meu nível de domínio da comunicação no mundo exterior determinará meu nível de sucesso com os outros – pessoal, emocional, social e financeiramente. Mais importante ainda, o nível de sucesso que você experimentará internamente – felicidade, alegria, êxtase, amor ou qualquer outra coisa que deseje – é o resultado direto de como você se comunica consigo mesmo.[24]

Sobre o poder da comunicação e sua aplicação na prática, reforço o que vimos sobre a importância das habilidades em nos conectarmos com as outras pessoas. Lembre-se: o inconsciente da outra pessoa está sempre alerta quanto a suas intenções, ele não entende o que você verbaliza, ele só entende suas intenções. Ao menor sinal de que você só está de olho na sua comissão de vendas, por exemplo – olhando para o cliente com um cifrão nos olhos, ele, o inconsciente, vai despertar instantaneamente o dispositivo de lutar ou fugir, ameaça ou oportunidade. E, como já vimos, esse dispositivo é de sobrevivência, não é racional. O cliente perderá o interesse no negócio e sairá sem nem mesmo se dar conta do motivo por que ficou desinteressado, e você ficará a "ver navios"...

A base de toda relação é a confiança, no entanto a confiança se desgasta rápido, por isso precisa ser renovada constantemente. Aprendi no início da minha carreira, com um brilhante executivo de uma empresa do varejo nacional, que "a confiança precisa ser renovada a cada dia".

Como renovar a confiança? Com reforço constante por meio da atitude e de comportamentos alinhados aos valores e princípios que dão sustentação à relação. Atenção àqueles pequenos deslizes, como chegar atrasado a um compromisso, esquecer uma data importante, prometer e não cumprir, começar a chegar em casa fora do horário normal, após o

---

[24] ROBBINS, Anthony. **Poder sem Limites.** Rio de Janeiro: BestSeller, 2017, p. 18.

trabalho etc., comportamentos que tendem a desgastar rápido esse "fio tênue" que se chama confiança.

O assunto a seguir tem como objetivo auxiliar na identificação de quais estruturas, endereços de registros, mapas, padrões funcionam melhor em determinadas pessoas.

PERGUNTAS SUPERPODEROSAS – METAPROGRAMAS

1. *Motivação*: afastamento ou aproximação – "em direção a ou afasta-se de"

Pessoas que são **"Em direção a"** são energizadas pelas conquistas, por alcançarem seus objetivos. Elas são os buscadores. Podem ficar perdidas por começarem muitas coisas e não terminarem algumas.

Pessoas que são **"Afastar-se de"** são motivadas pelas ameaças, tais como datas-limites, punições e problemas potenciais. São bons em acessar os riscos, porém podem ser excessivamente cautelosos e perder oportunidades pelo medo de correr riscos.

Para identificar o padrão, utilizar "Por que" ou "O que" na formulação das perguntas. Por que você escolheu seu emprego? O que você considera importante num relacionamento? Por que você escolheu esse modelo e marca de sapato?

Exemplo de respostas para diferenciar o que motivou a escolha do cliente: "Gosto desta marca e modelo de sapato porque, para mim, sapato bom é aquele que você nem percebe que está usando – em busca de conforto"; "Rapaz, comprei este sapato porque o outro que eu tinha estava me apertando e vivia me incomodando – afastar-se do incômodo".

Por que você escolheu o seu carro ou, no caso de a pessoa estar numa concessionária, quais critérios você mais valoriza na escolha de um carro? Ou o que mais lhe chama atenção num carro?

Importante: nesse caso do exemplo do carro, chamo atenção para os canais sensoriais preferenciais da pessoa. Um vendedor observador vai notar pistas no padrão de linguagem do cliente, que apontará se o canal sensorial preferencial utilizado é o visual, auditivo ou cinestésico; caso não consiga identificar, minha sugestão é que o vendedor ou quem esteja negociando utilize um padrão de linguagem abrangente que impacte e atenda a todos os canais sensoriais. Exemplo: "Nota como brilha esta cor metálica, olha os contornos arredondados, todos os detalhes no acabamento são muito bem feitos, talvez você queira entrar no carro e sentir o conforto, dar a partida no motor, perceber como é silencioso o interior do veículo, mesmo acelerando o motor com o carro neste local fechado. Você prefere fazer o teste drive agora ou depois de conversarmos sobre as demais vantagens e benefícios?"

2. *Fontes de referência*: controle interno – controle externo

Controle Interno: essas pessoas têm seus próprios padrões internos e fazem seu próprio julgamento sobre a qualidade do seu trabalho. Elas confiam no que sabem e conhecem e focam no que querem. Elas obtêm informações, mas insistem em decidir por si mesmas com base em seus próprios padrões. Em resposta à pergunta "Como você sabe que fez um bom trabalho?", ela dirá algo do tipo "Eu sei que fiz".

Controle Externo: as pessoas nesse grupo precisam ser gerenciadas e receber instruções externas e feedback para permanecerem motivadas e para saber como estão se saindo. Sem validação externa, elas podem se sentir perdidas ou ter dificuldades em começar ou continuar uma atividade.

Para identificar se uma pessoa é "interna ou externa", faça a ela uma pergunta do tipo: "Como você sabe que fez um bom trabalho?" Pessoas motivadas por controle externo dirão que sabem que fizeram um bom trabalho porque receberam elogio ou confirmação de alguma outra pessoa. São preocupadas com a opinião alheia.

3. *Estilos de organização*: opções (alternativas) – procedimentos

Pessoas orientadas por "**Opções/Alternativas**" gostam de explorar o que é possível. Adoram iniciar novos empreendimentos, explorar novas ideias, novas possibilidades, porém podem não dar seguimento por falta de foco.

Pessoas orientadas por "**Procedimentos**" preferem seguir instruções e adotar o modo costumeiro como as coisas são feitas. Elas têm dificuldade em desenvolver novos processos/procedimentos e, sem um procedimento claramente definido, se sentem perdidas ou presas.

Para identificar o padrão utilize "**Como**" ou "**Por que**" na formulação das perguntas. "Como você decidiu pela escolha do seu emprego?"; "Como você decidiu pela compra do seu carro?"; "Como você decidiu pela compra da sua roupa?"

4. *Comparação*: semelhanças – diferenças

Pessoas que processam e escolhem **"Semelhanças"** são motivadas por estabilidade. Ficam desconfortáveis com mudanças e querem que as coisas permaneçam como sempre foram.

Pessoas que processam e escolhem **"Diferenças"** adoram lugares, pessoas, experiências e coisas diferentes. Ficam entediadas e impacientes com coisas repetitivas.

Para identificar o padrão, utilizar **"O que"** na formulação das perguntas. "O que lhe chamou a atenção quando entrou aqui nesta loja?"; "O que lhe chamou a atenção ao ler este texto?"

5. *Resposta somática*: proativo – reativo

Proativo: pessoas que agem proativamente na solução de situações, sem esperar pelos outros. Geralmente tomam a iniciativa sem a necessidade de que alguém peça ou dê uma ordem. Um comportamento proativo está relacionado ao ato de evitar ou resolver uma provável situação antes mesmo que ela aconteça.

Quando se trata de procedimentos e ações triviais, ter essa postura ajuda muito. Exemplo: "Você está caminhando pelo mercado e vê um produto no chão, eu geralmente recolho e coloco de volta na prateleira, e você?"

Quando eu visitava uma loja em verificação à operação dos caixas, não era raro ver um determinado operador mergulhado em sacolas plásticas espalhadas e papel ou lixo no chão.

São contextos nos quais não são necessários uma ordem formal ou um comando para que você tenha a iniciativa de resolver.

Outro exemplo que requer iniciativa para se **manifestar e declarar**, mas um contexto no qual, devido a timidez ou falta de iniciativa, coragem, a pessoa se sente bloqueada: "Você está participando de um evento em um local fechado, que começou bem cedo, com presença de várias pessoas que você não conhece por terem vindo de diversos lugares. Por algum motivo você começa a se sentir desconfortável com ruído da caixa de som, próximo ao lugar que você está sentada, previamente definido pela organização. Aquele ruído começa a causar dor de cabeça e o evento mal começou, entretanto você se sente mais desconfortável ainda de se **manifestar, de declarar** que se está desconfortável e que precisa mudar de lugar".

Proatividade é muito bem-vinda em cenários que requeiram pessoas orientadas por "opções/alternativas", não no caso de processos que exijam o seguimento de regras e procedimentos.

Reativo: pessoas com perfil reativo têm a tendência de esperar pelos outros para tomar a iniciativa de agir, o que pode ser caracterizado como falta de iniciativa.

Notou como somos seres compostos por estruturas e padrões incrivelmente complexos? Faz sentido a importância de trilharmos essa jornada de autoconhecimento?

O entendimento e a compreensão acerca disso me desperta para o fato de que existem quase 8 bilhões de formas distintas de perceber a realidade habitando nosso planeta, que são únicas na forma, como indivíduos, mas no nível espiritual somos todos um, conectados à Fonte Universal primária.

O QUE REALMENTE O MOTIVA A FAZER AS ESCOLHAS QUE VOCÊ FAZ?

O que o motiva a acordar todos os dias?

Infelizmente, consequência da forma como fomos programados, somos tentados a responder que o nos motiva são as obrigações com escola, trabalho, pagamento das nossas contas etc. Muito porque, desde muito cedo, na formação da nossa personalidade, somos induzidos a nos identificar com o que temos e fazemos, com os papéis que exercemos.

Sobrevivendo nessa ilusão de vida, sem nos darmos conta de que estamos aqui para cultivar, desenvolver e florescer nossos dons e talentos, esquecemos nosso verdadeiro propósito, ocupando nossa vida com rotinas enfadonhas, visando, na maior parte do tempo, à satisfação das nossas necessidades básicas, na maioria das vezes, vestida de uma eterna insatisfação com o que temos, guiados pelo ego do possuir cada vez mais bens materiais, poder, sucesso, fama.

Sei que você já sabe, mas não custa lembrar quais são as nossas necessidades, segundo Maslow e a sua hierarquia. De acordo com o psicólogo Abraham Maslow, ao longo da vida, o ser humano se depara com diferentes necessidades, e cada uma delas influencia diretamente sua motivação e seu nível de realização.

Figura 11 – Hierarquia de necessidades, Maslow

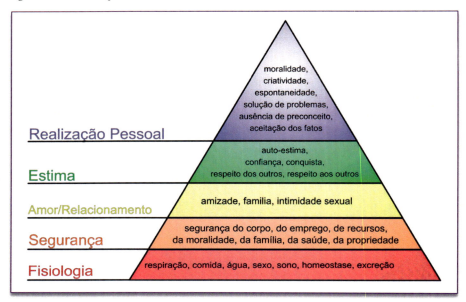

Fonte: Wikipédia[25]

Na minha formação em Coaching pelo Instituto Brasileiro de Coaching (IBC) – que, a propósito, eu considero superimportante para quem busca autoconhecimento e quer dar um passo importante em sua jornada evolutiva –, o Professional & Self Coaching, aprendi as três necessidades básicas do ser humano no que diz respeito a seu comportamento; e compartilho por fazer sentido a mim, portanto veja se faz sentido a você:

> ➢ **Ser ouvido na essência**

Incrível como nós, seres humanos, gostamos de receber atenção. Necessitamos interagir, expressar-nos – um dia desses eu estava em visita a uma colega de trabalho, e, enquanto estávamos andando pela loja, conversando com as pessoas, um senhor, morador antigo da cidade de São Luís, se aproximou e começamos a conversar. Ele nos contou parte da sua história e de como chegou à capital do estado do Maranhão havia décadas. Como era a cidade quando lá chegou e como se transformou ao longo dos anos. Ouvimos atentamente – entre algumas pequenas interrupções de

---

[25] HIERARQUIA de necessidades de Maslow. **WIKIPEDIA**: the free encyclopedia. 2012. Disponível em: https://pt.wikipedia.org/wiki/Hierarquia_de_necessidades_de_Maslow. Acesso em: 26 jan. 2021.

outros clientes ou de alguém da equipe – aquela lenda viva que o Universo nos presentou naquele dia, compartilhando conosco parte de sua preciosa história de vida. Situações como essa me ocorreram por diversas vezes nas lojas em que trabalhei ao longo da experiência profissional. Muitas pessoas iam até a loja para ter com quem conversar ou quem as ouvisse.

Ouvir a outra pessoa enquanto você olha as mensagens no celular não é ouvir na essência. Ouvir na essência é estar presente de corpo e alma, olhar nos olhos, dar à outra pessoa que está falando com você o que existe de mais precioso, o seu tempo, e tempo é vida.

Três virtudes que precisamos aprender antes de nos tornarmos bons ouvintes:

1. Ouvir com respeito e integridade.

2. Somente interferir na conversa com intuito de buscar compreender o outro perfeitamente.

3. Estar alerta ao sentimento que está por trás das palavras. A primeira coisa que preciso fazer, porém, é realmente ouvir, "colocar o coração e a alma na conversa".

Convido você a exercitarmos mais essa prática. Faça isso e vai começar a notar reações inesperadas por parte das outras pessoas simplesmente por terem à frente um bom ouvinte.

➢ Ser notado, reconhecido e amado

Como andam seus relacionamentos? Qual foi a última vez que você demonstrou reconhecimento a alguém, tecendo um elogio autêntico? Qual foi a última vez que você olhou para seu parceiro ou parceira, filho ou filha, vizinho, colega de trabalho, motorista de ônibus... e notou que ali existia um Ser, único, raro, precioso, e que não era apenas mais uma pessoa, mais um dia, mais uma vez, e sim que aquele momento era único, que não se tratava de mais uma projeção do seu inconsciente, associada a alguma experiência anterior registrada em sua mente. Qual foi a última vez que você olhou nos olhos de alguém, não importando o nível de profundidade no relacionamento, afinal o amor puro não se limita a uma relação afetiva, e verbalmente ou mentalmente disse "eu amo você"?

Pode parecer estranho eu estar nos colocando na posição de quem dá atenção, quem ouve na essência, quem nota, quem reconhece, e não na posição de quem recebe. Faz sentido para mim que a vida é um espelho, eu recebo o que estou refletindo.

Evidentemente que nos sentimos bem, felizes e importantes quando somos notados e valorizados pelo outro e/ou por nós mesmos.

Numa relação afetiva, sentir-se importante, ter suas habilidades como parceiro ou parceira, eventualmente reconhecidos e valorizados, de acordo com estudos sobre o relacionamento conjugal, é o que mantém relacionamentos duradouros.

Reconhecimento é a melhor forma de estimular alguém.

Mario Sergio Cortella

No ambiente de trabalho, o reconhecimento, segundo estatísticas, está atrelado ao nível de engajamento e desempenho do colaborador e que, consequentemente, impactam nos resultados da empresa e até mesmo na satisfação do cliente.

O que é absolutamente crítico é que, a organização celebre o sucesso, e não aqueles que realizam e precisam ser reconhecidos. Seus comportamentos e resultados precisam ser reforçados... Sempre dê feedback positivo para aqueles responsáveis pelo sucesso e que faz a estratégia funcionar.

Lawrence Hrebiniak

> ➤ **Ter o direito de errar** (perdoar a si mesmo e aos outros, ressignificação)

Compreensão e compaixão, primeiro conosco, diante das cobranças do nosso crítico interior (aquela voz interior que nos atormenta sempre que cometemos algum erro ou falha), que vive nos cobrando que sejamos perfeitos em nossas escolhas, e depois com os outros. Acredito que ninguém sai de casa pela manhã querendo errar, pensando "hoje eu vou errar muito mais que errei ontem".

Estamos aqui experienciando, explorando, aprendendo. Compreender isso é essencial para que tenhamos uma postura de incentivadores, de estendermos a mão quando alguém tropeça, e não de simplesmente apontar, julgar e criticar.

Errar uma vez é humano, errar a segunda pelo mesmo motivo, isso não é mais um erro, e sim uma escolha.

Amanda Caroline

Errar é humano, perdoar é preciso, e correr atrás daquilo que realmente queremos é uma obrigação. Viva, ame, pense, erre, caia, levante-se. E depois do erro corra atrás de refazer o seu acerto, faça tudo o que desejar fazer, diga te amo sem medo de não ouvir isso depois, aproveite a vida. Nunca se sabe o dia de amanhã.

Bob Marley

Errar é humano, continuar no erro é diabólico.

Santo Agostinho

Errar é humano, mas também é humano perdoar. Perdoar é próprio de almas generosas.

Platão

Quem nunca errou nunca experimentou nada novo.

Albert Einstein

NÃO SE CULPE ETERNAMENTE PELOS SEUS ERROS

Durante as nossas vidas iremos nos deparar com muitas decisões e conflitos. Infelizmente, ou felizmente, isto é algo inerente à vida e não podemos considerar um absurdo, que algumas dessas escolhas sejam vistas como erradas ou tenham sido tomadas de forma equivocada.

Se arrepender de algo que foi dito ou de alguma alternativa mal escolhida, é extremamente normal e não deve ser mal visto. Mas este tipo de lamentação jamais pode ser tornar um hábito, não podemos nos utilizar das desculpas como algo corriqueiro ou que supostamente diminua os danos do deslize ocorrido.

O que aconteceu, já foi, não tem mais volta, mas, por pior que tenha sido o erro, ninguém deve levá-lo para sempre em suas costas. O arrependimento sincero é realmente necessário, mas passar a vida inteira se culpando por algo do passado irá interferir negativamente nas escolhas futuras.

O medo pode instalar-se bloqueando a coragem de arriscar, que poderia ser muito benéfico em alguns momentos. Não permita que a covardia entre na sua vida, peça perdão aos que estiverem envolvidos, se esforce para mudar as atitudes que levaram ao erro, deixe a culpa no passado e continue seguindo em frente. [26]

Autoria desconhecida

---

[26] NÃO SE CULPE eternamente pelos seus erros. Mundo das Mensagens. © 2006 - 2021 7Graus. Disponível em: https://www.mundodasmensagens.com/mensagem/nao-se-culpe-eternamente-pelos-seus-erros.html. Acesso em: 26 jan. 2021.

Todas as pessoas buscam alcançar felicidade, satisfação e motivação, seja no âmbito pessoal, seja no profissional. É necessário primeiro estar em equilíbrio consigo mesmo para, em seguida, ser capaz de entrar em harmonia com as outras pessoas e o restante do mundo.

Dedicamos este capítulo para juntos explorarmos as origens dos milhares de escolhas que fazemos todos os dias, conscientes e inconscientes. Navegamos pelo mundo da imaginação começando com a metáfora do efeito dominó até o interessante assunto sobre as necessidades do ser humano.

Mas, antes de encerrarmos este capítulo, gostaria que refletíssemos um pouco mais sobre o que nos motiva a fazer as escolhas, os critérios que adotamos para fazer determinadas escolhas, o que acontece dentro da gente, que endereços acessamos em nossos registros, para acionar tais impulsos, desejos, vontades, que estão por trás de tantas escolhas que fazemos, e das quais muitas vezes nos arrependemos depois. Quais mecanismos tenho que dominar para fazer escolhas mais assertivas e alinhadas ao meu propósito.

Já vimos que 95% das nossas escolhas são inconscientes, ou seja, há um "estranho" tomando decisões e fazendo escolhas por mim. Fizemos uma incursão por alguns conceitos e estudos e vimos que esse estranho na verdade só tem intenções positivas, que na verdade sou eu quem tem que entender melhor como ele funciona para melhorar meu potencial de escolhas e decisões conscientes e assertivas.

Sendo a PNL a ciência de como dirigir o cérebro, o corpo, de uma forma favorável para conseguir os resultados que desejamos, peço permissão para compartilhar aqui ensinamentos e técnicas que utilizo em minha jornada de autoconhecimento, com objetivo de alcançar equilíbrio e harmonia entre os corpos físico, mental, emocional, espiritual.

Fechando esta primeira etapa da nossa jornada de autoconhecimento acerca da "origem das nossas escolhas", quero presenteá-lo com o texto a seguir, de David K. William, traduzido e compartilhado por Paula Musique.

30 QUESTÕES INTRIGANTES PARA SE PERGUNTAR TODOS OS DIAS – AUTOANÁLISE

Perguntas que provocam uma reflexão assim profunda são como uma autoconsulta que traz luz ao que somos e despertam nosso potencial como seres humanos. Voltaire, o escritor, historiador e filósofo do Iluminismo francês, adverte-nos a julgar um homem por suas perguntas e não por suas respostas: você conhecerá melhor alguém, fazendo-lhes as perguntas certas. Da mesma forma, você se conhece melhor, fazendo-se as perguntas devidas. As pessoas que continuamente se fazem perguntas, que provocam introspecção, criarão, de fato, uma base para uma vida mais feliz, cheia de propósito e significado.

Questionar-se com perguntas que provocam a reflexão é muito positivo, pois leva a autoanálise. Isso ajuda você a ter consciência de onde você está, onde você esteve e aonde você pretende ir. Através da autoanálise, você é capaz de identificar e organizar seus sonhos e objetivos. Esta consciência é essencial na vida e abre as portas para que muitas coisas boas sejam feitas e aconteçam.

Se você quiser maximizar os benefícios da autorreflexão, faça-se perguntas que provoquem sua mente e forcem você a reconsiderar a maneira como você vive e a maneira como você vê o mundo. As melhores perguntas para requerer uma nova perspectiva e nos lembrar de quem somos, bem como a quem aspiramos ser, são questões que tendem a se tornar vozes interiores da sabedoria, guiando-nos através da turbulenta jornada da vida.

Estas 30 perguntas não têm respostas certas ou erradas. Apenas seja sincero consigo mesmo. Você pode refletir sobre estas perguntas com alguém que você gosta muito.

1. Quem sou EU realmente?

2. O que mais me preocupa quanto ao FUTURO?

3. Se este fosse o ÚLTIMO DIA da minha vida, gostaria de fazer o que estou prestes a fazer hoje?

4. Do que eu realmente tenho MEDO?

5. Estou me prendendo em algo que eu preciso deixar ou ESQUECER?

6. Se não for AGORA, então será QUANDO?

7. O que MAIS IMPORTA na minha vida?

8. O que tenho feito quanto às coisas que são mais IMPORTANTES na minha vida?

9. Qual é o meu VALOR?

10. Fiz algo ultimamente que vale a pena ser LEMBRADO?

11. Eu fiz alguém SORRIR hoje?

12. Do que eu já DESISTI?

13. Quando foi a última vez que saí da minha ZONA DE CONFORTO?

14. Se eu pudesse colocar um CONSELHO ou conhecimento na mente de um recém-nascido, qual seria?

15. Que pequeno ATO DE BONDADE uma vez fizeram por mim e eu NUNCA ESQUECEREI?

16. Como viver sabendo que vou MORRER?

17. O que eu preciso MUDAR quanto a mim mesmo?

18. É mais importante AMAR ou ser amado?

19. Quantos dos meus AMIGOS eu confiaria com a minha vida?

20. Que pessoa teve o maior IMPACTO na minha vida?

21. Eu transgrediria a lei para SALVAR a vida de um ente querido?

22. Eu roubaria para ALIMENTAR uma criança faminta?

23. O que eu mais quero na VIDA?

24. O que a vida quer DE MIM?

25. O que é pior: falhar ou NÃO tentar?

26. Estou FELIZ com minha ESCOLHA PROFISSIONAL?

27. Qual é a única coisa que eu gostaria que os outros se lembrassem sobre mim NO FINAL DA MINHA VIDA?

28. Realmente importa o que os OUTROS pensam sobre mim?

29. Até que ponto eu controlei o RUMO que minha vida tomou?

30. Quando eu falo que vou fazer algo, eu realmente FAÇO ou fico somente no discurso? [27]

---

[27] MUSIQUE, Paula. 30 Questões intrigantes para se perguntar todos os dias – Autoanálise. **Blog Paula Musique,** 2018. Disponível em: http://paulamusique.com/perguntas-de-autoanalise-e-reflexao/. Acesso em: 26 jan. 2021.

ESCOLHA A FELICIDADE

Qualquer que seja o caminho que você escolher, busque a felicidade durante a caminhada. A felicidade não é o destino, não é um ponto de chegada. A felicidade é uma jornada, por isso ela pode e deve fazer parte da sua rotina.

Não pense na felicidade como algo que só acontece em grandes momentos, ou em ocasiões especiais. Aprenda a cultivar e reconhecer a felicidade nas pequenas coisas, nas situações mais banais. Afinal, são essas situações que preenchem a vida. A vida não é feita só de grandes acontecimentos!

Não ache que só será feliz quando a sua vida estiver livre de problemas e quando todos os seus sonhos forem realizados. Isto pode lhe causar uma grande frustração. Pense que a felicidade é uma escolha diária, é o modo como você leva a vida diariamente, e não uma recompensa que só vai chegar depois de tudo.

Aproveite todos os momentos da vida para viver feliz, pois eles são únicos. [28]

Autoria desconhecida

Tudo na vida são escolhas. Esta é a maior verdade da vida e a sua mais difícil lição. É uma grande verdade porque nos faz lembrar o poder que temos para sermos nós mesmos e vivermos a vida que desejamos. Um poder de que não nos damos conta e de que muitas vezes abrimos mão. A lição mais difícil porque nos faz perceber que a vida que temos agora é escolha nossa. Talvez seja assustador pensar que escolhemos viver nossa vida exatamente como ela é. Assustador porque, quando paramos para pensar na forma como vivemos hoje, talvez não gostemos do que constatamos. Mas é também profundamente libertador, porque nos permite começar a escolher o que queremos encontrar quando olharmos para nossa vida nos amanhãs que estão diante de nós.

Matthew Kelly[29]

---

[28] BUSQUE a felicidade. **Mundo das Mensagens.** © 2006 - 2021 7Graus. Disponível em: https://www.mundodasmensagens.com/mensagem/busque-a-felicidade.html. Acesso em: 26 jan. 2021.

[29] KELLY, Matthew. **O Ritmo da Vida.** Rio de Janeiro: Sextante, 2006, p. 10.

2

AUTOMATISMOS

AGIR POR IMPULSOS

PILOTO AUTOMÁTICO

O QUE SÃO AUTOMATISMOS? QUAL A ORIGEM? COMO FAÇO PARA ME COLOCAR NO CONTROLE CONSCIENTE DA MAIORIA DAS ESCOLHAS QUE FAÇO E DAS DECISÕES QUE TOMO NA VIDA?

Automatismos são ações inconscientes e involuntárias, que vão desde um reflexo instintivo e rápido até padrões condicionados e incondicionados de comportamento.

Esse comportamento é positivo quando se trata de um mecanismo de autodefesa proveniente do nosso inconsciente, como vimos no primeiro capítulo, que tem a missão de preservar nossa integridade. Temos vários exemplos desse mecanismo de estímulo e resposta do sistema nervoso – aquele grito que você deu com o susto que você levou quando estava distraída e de repente um amigo fez um movimento inesperado, o movimento rápido no volante do carro quando você estava dirigindo, para desviar de um cãozinho que surgiu de repente na lateral da pista.

Mas esse comportamento é negativo, daí a intenção de trazermos esse assunto à tona, quando passamos a viver no piloto automático.

Qual é a provável origem desses automatismos?

Estudos indicam que é pela repetição dos estímulos que a aprendizagem acontece, pois as conexões neurais tornam-se fortalecidas. Por meio da repetição desses estímulos, vão se criando conexões neurais robustas e com o passar do tempo o cérebro entende que aquelas informações que foram percebidas pelos órgãos sensoriais repetidas vezes e as habilidades adquiridas via repetição de alguma atividade que segue um mesmo padrão devem permanecer na mente valendo-se da memória de longo prazo.

A vivência de experiências com intensas emoções envolvidas, faz com que os registros dessas experiências permaneçam na memória de longo prazo. São o que denominados "fatos marcantes" na nossa vida, que, mesmo tendo ocorrido uma única vez, jamais serão esquecidos.

Sendo assim, concluímos que nosso cérebro grava por repetição e emoção qualificada. Vamos ilustrar: lembra-se de como você aprendeu aritmética, andar de bicicleta, dirigir veículos, caminhar, escovar os dentes, subir e descer escadas, ler e escrever? Foi por emoção ou repetição? Lembra-se do que você comeu no almoço no dia 29 de março de 2020? A menos que essa data seja considerada especial para você, como seu aniversário, por exemplo, você não conseguirá se lembrar disso com tanta facilidade. Agora, você se lembra do que comeu no almoço de Natal do último ano? Neste caso a missão ficou mais fácil, uma vez que em datas especiais e comemorativas, há emoção envolvida. Provavelmente esse almoço de Natal foi promovido a um encontro ou reencontro, a uma grande festa em família, como era a maioria dos almoços de domingo antigamente – infelizmente, com o passar dos anos, esse costume foi se perdendo.

Nosso cérebro, que não pesa mais que 2% do peso total da nossa massa corporal, gasta 20% da energia do nosso corpo, sendo assim ele sempre busca "o caminho da menor resistência", até para preservar energia e foco para funções primordiais em determinados momentos. Nosso cérebro automatiza processos visando à economia de energia.

O comportamento automático é útil quando faz com que tenhamos agilidade para fazer várias coisas ao mesmo tempo, como caminhar conversando com a pessoa ao lado, dirigir cantando uma canção; e necessário para os casos de novos aprendizados que demandam muita energia, por exemplo, quando estamos aprendendo a dirigir. Uma pessoa aprendendo algo novo tem que prestar atenção em todos os detalhes, tendo que pensar em cada ação, como no exemplo de dirigir, quando pisar no pedal do acelerador, na embreagem para trocar a marcha, quando mudar o câmbio de lugar, prestar atenção no caminho à frente, cuidar os demais veículos... já imaginou? Gasta-se muita energia, mas, aos poucos, com a prática e repetição, o cérebro vai automatizando comportamentos e a pessoa já não tem que colocar tanta atenção e pensar, fazendo tudo ou quase tudo de maneira automática.

O comportamento automático é ruim quando baseado em emoções que produzem reações prontas, impulsivas, instantâneas, que podem nos levar a julgamentos tendenciosos, padronizados e até preconceituosos. Outro exemplo que devemos evitar é padrão de pensamento e comportamento justificado, como: "Esse é o meu jeito de ser" ou "Faço as coisas do meu jeito".

Você faz ideia da quantidade de informação que o cérebro recebe de seus sensores, por segundo? Especialistas afirmam que o nosso cérebro recebe cerca de 11 milhões de bits de informação por segundo, e evidentemente essas informações não são completamente processadas por nossa consciência – aqui entram o que chamamos de filtros universais de generalização, deleção e distorção.

O cérebro filtra essas informações do inconsciente, considerando os metaprogramas, padrões de funcionamento de cada um, e é aqui que temos que atuar, se quisermos respostas ou resultados diferentes do que estamos tendo, diante dos estímulos externos e internos.

Repetir comportamentos é um padrão natural do ser humano. Exemplo: ao sentar-me à frente do computador e iniciar este capítulo sobre agir por impulsos, piloto automático, dei-me conta de que eu estava vivendo naquele momento um conflito interior entre o que escrever sobre reprogramação de comportamentos automáticos e agindo exatamente reforçando esse padrão. Eu havia acabado de discutir com outra pessoa e havia dito uma série de coisas que normalmente eu não falaria. Aquilo estava me consumindo por dentro porque estava ferindo uma das filosofias que adotei na minha vida – "Prefiro viver feliz a ter razão" –, e desde então tenho evitado muitos conflitos e discussões desnecessárias, que não levam a lugar algum. Mas nesse dia eu me permiti sair do controle e destilar palavras que mais me feriram do que a outra pessoa. Evidentemente, eu prometi a mim mesmo não o repetir e tenho me policiado constantemente.

No primeiro capítulo, tratamos sobre a percepção da realidade ou, diria, como criamos nossa própria realidade, já que realidade é como eu reajo aos impulsos e estímulos que recebo, o que é pessoal e único em cada ser. Cada um vive na sua realidade particular percebida, com as belezas e os horrores que compõem a sua percepção de mundo.

Mas volto a esse importante tema: se quisermos entender como reprogramar nossos comportamentos e impulsos, necessitamos explorar mais como ocorre o processo de captação e interpretação por meio do que denominamos Sistema Representacional em PNL (cinco sentidos ou consciências) e dos filtros Omissão, Generalização e Distorção.

Mas o que é a realidade?

Como vimos no primeiro capítulo, é uma representação interna do que percebemos por meio dos órgãos dos sentidos. Nosso cérebro filtra, e consciente e inconscientemente arquivamos, instalamos programas, considerando os metaprogramas, valores, crenças, memórias de referência etc.

Mas, para provocar um pouco mais seu espírito explorador, essa definição está muito centrada numa realidade objetiva, da matéria, do que se destaca, do que tem forma. Concorda que vivemos primordialmente no plano físico? Sendo assim, não seria a realidade ainda mais profunda?

Não é porque eu não enxergo ou não percebo algo, valendo-me dos meus órgãos sensoriais, que esse algo não existe; é porque não existe apenas na minha forma tridimensional de ver e perceber as coisas.

Onde estava a cadeira em que você está sentado, antes de ela se transformar numa cadeira? Onde este livro, que você está lendo agora, estava antes de ser publicado? Onde você estava antes de ser concebido?

Algumas pessoas olham para seu entorno físico e veem escassez, carências, desgraças, outras olham e percebem abundância, esplendor, bençãos. Algumas se sentem potencialmente infinitas, outras se sentem limitadas por bloqueios instalados em experiências passadas.

Assim como existimos no plano físico, também vivemos no plano mental. A mente é essa parte de nós que percebe, pensa, racionaliza, analisa e evolui. A mente é essa energia potencial, e, por isso, nós podemos mudar nosso mundo físico, mudando nossos pensamentos, padrões mentais, crenças. Nossa mente inconsciente é poderosa e criativa e, se devidamente instruída por nós, vai gerar resultados que atendam aos nossos propósitos mais nobres; no entanto, quando não recebe nossas instruções específicas ou quando se orienta por um ego inflado, vai gerar resultados incoerentes com os nossos propósitos e não alinhados ao programa da nossa alma.

Quando aqui chegamos, tudo era novidade. Fomos formando a nossa personalidade, explorando o adorável mundo novo que acabara de saltar à frente dos nossos olhinhos curiosos. Com o passar dos anos, nosso cérebro vai criando as imagens de referência, arquivos e, quando experiências parecidas começam a se repetir, ele simplesmente projeta o que já estava arquivado; e começamos a viver no automático, como se quase tudo fosse "mais do mesmo", deixamos de observar os detalhes e perceber o milagre que existe em cada momento, no aqui e agora.

Apesar de eventualmente nos considerarmos lúcidos, operando no estado de vigília ou desperto, que ocupa a maior parte do nosso dia, quando nosso cérebro trabalha na frequência Beta, acima de 14 Hz, na verdade alucinamos, vivemos como se estivéssemos numa matrix.

Resumindo: se quero operar obtendo melhores resultados nas minhas escolhas, tenho que aguçar minha percepção, ampliar minhas escolhas, aprimorar meu repertório de condutas, e para isso o primeiro caminho é de volta para casa, na jornada de descoberta interior.

Pratique a neuroplasticidade: faça novas conexões – novos caminhos levam a novas pessoas, novas pessoas levam a novas ideias, novas ideias levam a novas ações, novas ações levam a novos resultados.

Nós mudamos a cada novo pensamento que temos, a cada nova escolha que fazemos, portanto pratique a Neuróbica – programa com base científica para modificar comportamento introduzindo o inesperado no cérebro e mobilizando a ajuda de todos os sentidos. A ideia é estimular a realização de tarefas de formas diferentes das habituais.

LIMPANDO OS FILTROS – ACUIDADE SENSORIAL

Se você busca um resultado melhor das escolhas que faz, entenda melhor como você funciona. Nossa percepção de mundo é processada pelo nosso cérebro por meio dos filtros de generalização, distorção e deleção (PNL). Esse processo poderá resultar em melhoria nas nossas respostas, escolhas ou limitar ainda mais a nossa capacidade de agir.

Deleção ou omissão

Pode ser útil para mantermos o foco em determinadas tarefas, mas pode ser prejudicial quando, por estarmos muito concentrados e focados em alguma tarefa, deixarmos de analisar informações importantes disponíveis, por não termos tido atenção. Presta-se atenção seletivamente em certa dimensão da experiência, excluindo outras.

Distorção

Percebo as informações do mundo exterior como sou, e não como de fato aquele é, ou seja, ocorre quando capto esses estímulos via sistema sensorial e crio uma representação distorcida da realidade. Pode ser útil quando nos auxilia na criação, no planejamento etc.

Generalização

Quando aprendemos de uma experiência específica e generalizamos para toda categoria a qual pertence. É útil como processo de aprendizagem, que veremos a seguir, mas pode ser muito prejudicial quando rotulamos experiências diferentes como se fossem iguais, conforme vimos há pouco no tópico "Automatismos".

Esse é o ponto a que eu estava querendo chegar e que me incomoda bastante, por três motivos:

Primeiro: mesmo sendo útil quando faz com que tenhamos agilidade para fazer várias coisas ao mesmo tempo, poupando energia gasta pelo cérebro, quando estamos aprendendo novas atividades ou quando colocamos foco e atenção no que estamos vendo, ouvindo e sentindo, esse filtro gera muitos automatismos, como hábitos e padrões que passamos a executar no automático, ausentando-se conscientemente da realidade que nos cerca e passando a não perceber a vida com toda riqueza de detalhes e milagres existentes em cada momento.

Segundo: temos uma mania, que muitas vezes considero uma mania "deselegante", de generalizar o caráter de uma pessoa, com base numa experiência anterior frustrante. Exemplos: "Homem é tudo igual, só muda o endereço", "Políticos são todos desonestos", ou com base na opinião dos outros, em noticiários parciais e distorcidos. Precisamos julgar menos e nos informar melhor, explorar, esclarecer-nos mais para termos um melhor convívio em sociedade, na família e demais relacionamentos. Nelson Rodrigues já dizia que "toda unanimidade é burra", e a meu ver, quando generalizamos, deixamos nossa falta de informação falar mais alto que nossa capacidade de construir argumentos. Generalizar também pode ser uma maneira de nos colocarmos na posição de vítimas e tirarmos o "corpo fora" para não assumirmos nossas reais responsabilidades, por exemplo, no caso do famoso "jeitinho brasileiro" quando se ouve dizer "Eu não estou nem aí, político nenhum presta neste país mesmo". É muito mais fácil espalhar achismos do que fazer parte da solução, assumindo uma postura ativa. Esses achismos, generalizações, podem a princípio parecer inofensivos, conversas de boteco, mas é só alguém se alterar um pouco na bebida, como fiquei sabendo que ocorreu em mais uma festa de fim de semana, entre amigos, para começarem os mal-entendidos. É este tipo de postura que pode evoluir para a intolerância, preconceito e discriminação.

A escolha é sua, como quer ser lembrado por onde viveu? Como alguém que deixou saudades pelo exemplo de ser humano gentil e generoso ou como alguém que falava e agia sem pensar nas consequências?

Terceiro: desenvolvemos crenças limitantes com base na generalização. Exemplos: a pessoa reprovou em um teste para tirar a habilitação no órgão responsável e generaliza "Eu nunca vou aprender a dirigir"; ou, diante de uma decepção amorosa, "Eu nunca vou me casar"; ou, diante da impaciência na execução de determinadas tarefas, "Eu sempre faço tudo errado".

Importante: a maioria de nós já tem um processo de interpretação dos fatos, automático, o que pode ser mudado, e com isso mudaremos nossa percepção do mundo. Nada tem significado algum, exceto aquele que nós damos, portanto a decisão de como se sentir e agir é inteiramente sua, assuma totalmente a responsabilidade.

Metamodelo: uma ferramenta desenvolvida por John Grinder e Richard Bandler voltada para se obterem melhores resultados por meio de uma comunicação mais assertiva.

Como já vimos, uma das melhores estratégias para mudança ou quebra de padrão é fazendo perguntas, desafiando afirmações, convicções, padrões, condicionamentos, crenças...

Quadro 1 – Exemplos de metamodelo em ação

Violações	Desafios
Deleção	
Eu estou confuso	Confuso com o que, especificamente?
Eu gosto dela	Do que você gosta nela, especificamente?
Pegaram o carro	Que carro, especificamente?
Comparações	
Este celular está muito caro	Muito caro comparado a qual modelo/aparelho?
Este livro é muito estranho	Estranho comparado a quê? Qual livro?
Este argumento é o melhor	Melhor comparado com qual? Na opinião de quem?
Falta de índice referencial	
As pessoas falaram	Quem, especificamente, falou?
Ninguém me respeita	Quem, especificamente, o desrespeita?
Isso é muito difícil de fazer	O que, especificamente, é difícil de fazer?

Verbos inespecíficos	
Ele me magoou	Como, especificamente, ele magoou você?
Eu estou confuso	Como, especificamente, você está confuso?
Ela é a melhor	Melhor em quê? Comparada a quem?
Nominalizações	
Eu tenho muitas frustrações no meu trabalho	O que especificamente está o frustrando no seu trabalho?
Eu preciso de ajuda	Como você deseja ser ajudado? O que significa ajuda para você?
Estou numa tremenda confusão	Quem confunde quem? Confunde como?
Quantificadores universais	
Eu sempre estou errado	Sempre, sempre mesmo? Você nunca acertou nada?
Eu nunca consegui ser amado	Nunca, nunca mesmo? Ninguém nunca amou você? Nem sua mãe?
Todo mundo me olha torto	Poxa, todas as pessoas param o que estão fazendo para olhar para você?
Modais de necessidade e possibilidade	
Eu não consigo fazer isso	O que o impede?
Eu tenho que terminar este trabalho hoje	O que aconteceria se você não terminasse?
Eu não posso ir	O que o impede de ir? O que aconteceria se você fosse?
Índices referenciais gerais ou não especificados	
Violações	**Desafios**
Cães da raça Pitbull são maus	Todos os cães dessa raça são maus? Todos mesmo?
Eles rejeitaram nossa proposta de negócio	Quem rejeitou? Qual proposta?
Os erros cometidos provocaram danos irreparáveis	Que erros foram cometidos e por quem?

Causa e efeito	
Você me irrita quando me olha deste jeito	Como a forma como lhe olho pode ter o poder de causar irritação?
Eu preciso de ajuda	Como você deseja ser ajudado? O que significa ajuda para você?
Estou numa tremenda confusão	Quem confunde quem? Confunde como?
Leitura da mente	
Eles pensam que sou uma pessoa ruim	Como você consegue saber o que cada um deles pensa sobre você?
Eu sei o que é melhor para ela	Como você sabe o que é melhor para ela?
Meu chefe não está satisfeito com o meu trabalho	Como que você sabe que o seu chefe não está satisfeito?
Performativo perdido	
É errado prender o grupo	Errado de acordo com quem?
Esta é a melhor decisão a tomar	Melhor decisão de acordo com quem?
Aquela foi a melhor escolha que eles fizeram	De acordo com quem?
Equivalências complexas	
Você não me ama mais. Você já não me traz flores.	Como o fato de não trazer flores para você significa que eu não a amo mais?
Eu não tenho dinheiro. Sou um fracassado.	Exatamente como o fato de você não ter algumas notas de papel, com alguns notáveis estampados de um lado, faz de você um fracassado?
Meu chefe não está satisfeito com o meu trabalho. Ele chegou hoje e nem me deu bom dia.	Como que o fato de alguém o cumprimentar pode representar que a pessoa esteja satisfeita com o que você esteja fazendo?

Fonte: adaptado de Dolphin Tech – curso de formação em PNL[30]

---

[30] Practitioner – Nível Básico. **Dolphin Tech** – Porto Alegre. Disponível em: https://dolphin.com.br/cursos/formacao-em-programacao-neurolinguistica/nivel-basico. Acesso em: 26 jan. 2021.

Não há nada melhor do que canais sensoriais abertos e limpos para se fazer um bom mapa da realidade.

Richard Bandler

Sendo a PNL uma arte e uma ciência para entendermos melhor como organizamos nossos pensamentos, sentimentos, linguagens e comportamentos para chegarmos a resultados melhores e mais eficazes, o metamodelo é mais uma das ferramentas que pode auxiliar no trabalho de terapeutas, coaches, líderes, instrutores, treinadores, familiares, amigos, fazendo perguntas poderosas visando mover a comunicação do cliente, paciente, amigo, familiar, aluno, membro da equipe, colaborador, de uma estrutura superficial para uma compreensão de sua estrutura profunda, ou seja, expandir o seu modelo de mundo utilizando perguntas bem elaboradas.

Exemplo de Estrutura Superficial: "Ele não me dá atenção".

Estrutura Profunda: "Ele não me olha nos olhos, portanto não me dá atenção, portanto me rejeita, portanto não posso ser feliz com ele".

É importante que você utilize o metamodelo somente quando estiver com *rapport* assegurado. Identifique o padrão que mais se repete na linguagem da outra pessoa, utilize tom de voz agradável e estabeleça empatia para conquistar a confiança do interlocutor sem se tornar um perguntador chato.

Quando utilizar o metamodelo? Quando você se sentir confiante e familiarizado com a ferramenta a ponto de identificar oportunidades naturalmente.

Todas as técnicas e ferramentas da PNL, que tem como um dos principais objetivos oferecer às pessoas uma forma diferente de ver, ouvir e sentir o mundo, ampliando nossas escolhas perante as experiências e os desafios da vida, aprendem-se praticando, exercitando. A prática leva à excelência. A forma como encaramos os desafios e experiências da vida faz toda a diferença. Como já vimos no primeiro capítulo quando falamos da importância das palavras na criação da nossa realidade, sua estrutura de pensamento vem antes das palavras, a forma como você pensa, seu padrão, determina quais serão as suas respostas perante os desafios e experiências.

Ninguém é melhor ou pior, apenas diferente. Assim deveriam ser avaliados e educados: de maneira diferente e individualizada.

Autoria desconhecida

PADRÕES LINGUÍSTICOS

Você se considera uma pessoa persuasiva, otimista? De bem com a vida?

A forma como você se comunica diz muito sobre seu padrão de linguagem, suas crenças e se esse padrão está centrado em problemas ou resultados.

Você sabia que primeiro você comunica, explica, a você para depois explicar e se comunicar com o mundo ao seu redor? Isso explica como nos colocamos em estados "pobres ou ricos" de recursos. Uma mesma experiência, sendo neutra, como de fato todas as experiências o são, mas sendo percebida sensorialmente de forma negativa e validada pelo cérebro sobrevivente, gera respostas automáticas por meio da fisiologia e nos níveis de pensamentos e comportamentos. Primeiro você precisa convencer-se, cativar-se, para depois convencer e cativar os outros. Isso explica por que muitas vezes temos facilidade em conectar-nos, sermos confiáveis, fazer-nos entender e estabelecer empatia com algumas pessoas e outras vezes não.

Quando existe algum conflito interno, primeiro temos que nos perguntar ou nos questionar acerca da solução para resolver os conflitos, para assim conseguirmos convencer, sermos congruentes na comunicação interpessoal.

Vamos praticar?

1. Se um filho, membro de sua equipe, amigo ou amiga, vem até você e começa a se queixar de alguma coisa, como normalmente você lida com situações assim ou qual é normalmente o seu padrão de pergunta (já que concordamos que, para promovermos mudanças de comportamentos e crenças, temos que começar fazendo as perguntas certas)?

a. Qual é o problema? O que está errado? Onde está doendo? Quando essa dor começou? De quem é a culpa? Quem é o culpado?

Ou

b. O que você deseja? Como quer ficar? Quando quer isso? O que está errado no processo ou sistema? Como pretende usar da melhor forma os recursos que você tem para conseguir o que quer? O que pretende começar fazendo, agora?

2. Diante de uma situação complicada de se resolver, qual seria a sua escolha?

a. "Estou com problemas a serem resolvidos".

Ou

b. "Tenho resultados a serem atingidos".

3. Diante de uma situação complicada em que você entregou péssimos resultados, qual seria a sua reação ou resposta?

a. "Eu fracassei".

Ou

b. "Estou tendo uma oportunidade de aprender com essa situação".

4. Acrescentar a palavra "ainda" no final de frase após expressões negativas, como "Não consigo, não posso". Exemplos: "Eu não consegui realizar aquele sonho de infância, *ainda*". "Eu não consegui tirar minha carteira de motorista, *ainda*". "Eu não posso ter a casa dos meus sonhos, *ainda*".

Importante: somos seres autossugestionáveis e, mesmo não querendo, estamos sempre recebendo sugestão externa (influência) ou nos fazendo autossugestão. Quando me expresso ou penso em algo, é importante me dar conta da qualidade da mensagem, da comunicação que estou passando para o meu cérebro. Toda criatividade, criação, começa na sua mente, portanto palavras, pensamentos, emoções carregam o poder de se materializarem. Quando eu digo para o meu cérebro que não consigo fazer tal atividade, "os caras" vão se olhar entre eles e dizer: "O.K., o chefe disse que não é para conseguir fazer aquela atividade – pediu, tá pedido, não pode ficar arrependido".

5. Nosso cérebro só processa afirmações positivas, "os caras" não reconhecem o comando "não", ou seja, não possuímos uma imagem mental para o "não". Exemplos: "Não se esqueça de desligar o equipamento para evitar superaquecimento dos motores". Afirme: "Lembre-se de desligar o equipamento..."; "Não pense em quanto você sofreu para conseguir aquele emprego...". Afirme: "Pensa em quanto você se dedicou e se empenhou para conquistar aquela vaga de emprego..."

Importante: talvez faça sentido para você, agora, por que não conseguimos êxito na comunicação intrapessoal quando falamos "Eu não vou chorar, eu prometi para mim mesma que eu não choraria"; "Eu não vou ficar nervoso"; "Eu não vou comprar aquela torta de chocolate". E acontece exatamente o que você disse que não aconteceria.

O mesmo acontece com os nossos pensamentos: "Eu não quero mais pensar nisso"; "Eu não vou mais pensar nisso". É aí que os pensamentos ganham força.

Por que será que eu estou tendo dificuldades em alcançar os meus objetivos?

Atente-se ao padrão de linguagem que você está utilizando para se comunicar com o seu cérebro. Como já vimos, o cérebro processa por imagens, buscando associar essas novas imagens com as arquivadas em seus registros, e processa afirmações positivas.

Exemplos: a) Eu quero parar de fumar – você está afirmando, mas a afirmação não está coerente com o resultado esperado, ela está "jogando contra". Atente-se ao seguinte: quando você manda essa mensagem para o cérebro, qual é a imagem a que ele se associa? Uma imagem ou filme quando você estava fumando, ou seja, você está pedindo mais daquilo que quer evitar.

É muito importante, ao traçarmos objetivos, termos atenção e intenção. Nesse caso, por exemplo, qual é a sua real intenção? Afirme o que você quer ganhar parando de fumar. Exemplo: "Eu quero usufruir de uma vida mais saudável, podendo subir e descer alguns lances de escada tendo resistência, correr alguns metros com facilidade ao respirar, falar com as pessoas sem que perceba expressões de desagrado com meu hálito, economizar e investir esse dinheiro em coisas que venham a me trazer prazer, sem prejudicar a minha saúde".

a. Eu preciso perder alguns quilos – você está afirmando, mas a palavra "perder" é negativa e falta ser mais específico. Comece por definir corretamente o objetivo, de maneira que a sua mente inconsciente entenda. Eu sei que você sabe, mas não custa lembrar: sua mente inconsciente é literal, ou seja, na comunicação temos que fornecer o máximo de detalhes possíveis, sermos específicos.

No caso desse comando, utilizando o metamodelo, você quer "eliminar" exatamente quantos quilos e até quando? Estabeleça data e horário e assuma compromisso. Além dessa oportunidade na formulação da frase de comando, analisando a afirmação, o cérebro, os "caras", vai se questionar o seguinte: "O chefe não gosta de perder. Outro dia ele perdeu o horário de acordar e ficou furioso com a gente, sem mesmo ter nos informado corretamente que queria ser despertado naquele horário, antes de dormir. Como ele quer perder alguns quilos agora, acho melhor não acatarmos essa ordem e aguardamos uma confirmação posterior".

Afirme sendo coerente: "Eu vou eliminar 2 kg até dia 30 de dezembro de 2020". Mentalize com confiança: "É possível, depende de mim, e eu mereço". Faça o que chamamos de "ponte ao futuro" em PNL e visualize-se vivendo no peso que considera ideal, permita que esse sentimento agradável de ter tido êxito tome conta de você, vendo, ouvindo e sentindo.

Bem definidos os pontos "onde estou e aonde quero chegar", o próximo passo é partir para as estratégias necessárias a fim de conseguir os resultados desejados, atentando-se para as possíveis interferências que poderão o influenciar a se desviar do objetivo. Nesse caso específico, considere alguns possíveis bloqueios emocionais, "programinhas instalados na infância", por exemplo: "Você precisa comer tudo para crescer e ficar forte". A intenção é positiva, mas estimula hábitos alimentares pouco saudáveis, que necessitam ser desconstruídos e reformulados.

Como já vimos, a mudança de hábito começa com mudanças de pensamento, vocabulário e comportamento, e é necessário ter disciplina para que esse comportamento se torne um hábito por meio de repetições suficientes para que se instale.

Importante: verifique a ecologia do seu objetivo, se o resultado alcançado não causará conflitos com seus valores pessoais, se não terá consequências negativas na natureza e em tudo o que o cerca. Se todos ganham com os resultados dos seus objetivos, inclusive você, então ele é o que chamamos, na PNL, de ecológico.

É muito comum sabermos, mas expressarmos o que não queremos

Exemplo: "Eu não quero mais ser humilhada". Seu inconsciente ou "os caras" vão receber essa mensagem e, se pudessem, cochichar-lhe-iam ao pé do ouvido: "Sabemos o que você não quer, agora diga para gente o que você quer". "Eu quero ser tratada com dignidade" – agora sim.

Outros exemplos de má formulação de objetivos: "Eu quero que minha filha se dedique mais aos estudos"; "Eu quero que o meu marido seja mais carinhoso"; "Eu quero que o meu filho pare de fumar" – se você depender de outras pessoas para alcançar os seus objetivos, poderá se tornar menos fácil. Trabalhe com aquilo que está sob seu domínio, no que depende de você para "fazer e acontecer". Exemplos: "Vou encontrar uma forma de incentivar e, quem sabe, inspirar a minha filha a se dedicar mais aos estudos"; "Vou tomar a iniciativa de ser mais carinhosa com o meu marido, evitando me frustrar tendo expectativas"; "Vou compreender melhor as razões e intenções do meu filho quanto ao hábito de fumar, e, caso ele queira, juntos vamos encontrar formas para que ele adquira hábitos mais saudáveis".

Oportunamente, para melhor assimilação e fixação desse conteúdo que estou compartilhando, segue um slide que utilizo em um dos meus treinamentos:

Figura 12 – Formulação de objetivos

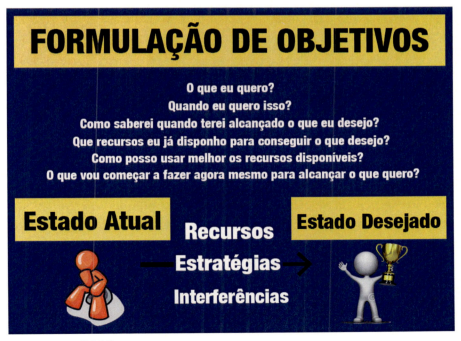

Fonte: o autor (2014)

Anthony Robbins chama de "fórmula do sucesso definitivo" o caminho coerente para o sucesso que pessoas que conseguiram superioridade trilharam. Compartilho a seguir um resumo desse passo a passo por uma figura de um slide utilizado nos meus treinamentos:

Figura 13 – Fórmula do sucesso definitivo[31]

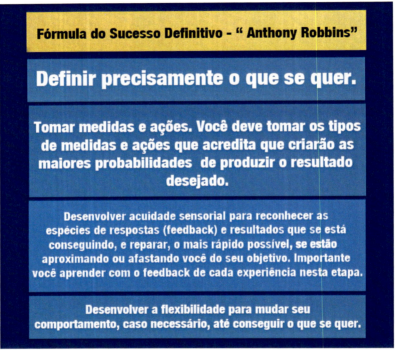

Fonte: o autor (2017)

6. A palavra "mas" tem o poder de anular, negar ou diminuir o valor de tudo que foi dito antes dela. Exemplos: "Eu gosto de você, mas o que você fez ontem foi errado". "Eu adorei a forma como você fez aquele trabalho ontem, mas gostaria que hoje fosse feito diferente".

Ponto de atenção: quando se está avaliando positivamente um comportamento ou resultado, muito cuidado para não começar elogiando e, no meio do caminho, "soltar" um "mas", anulando o efeito do elogio. A propósito, você sabia que um feedback útil deve ser dado no comportamento, e não

---

[31] ROBBINS, 2017, p. 23.

na identidade, da pessoa? Reforço esse ponto porque infelizmente, tanto na formação e educação das pessoas quanto no desenvolvimento, orientação e liderança, vejo muitos pais e líderes dando feedback na identidade.

A comunicação é avaliada pelo resultado que ela produz, e quem comunica é 100% responsável pelo que o outro entende, percebe e representa da mensagem enviada; sendo assim, faz sentido para você que é fundamental saber dar e receber feedback?

Já numa comunicação persuasiva você pode utilizar o "mas" para desviar a atenção consciente, driblar o self 1, enquanto envia uma meta-mensagem para o inconsciente, self 2. Exemplos: "Eu poderia lhe dizer que *o próximo capítulo deste livro está imperdível*, **mas prefiro que você descubra por si mesmo**"; "Eu poderia lhe dizer que *autoconhecimento é fundamental para a sua vida*, mas **acredito que você já saiba disso**"; "Eu poderia lhe pedir para *imaginar quanto o padrão de suas escolhas vai melhorar quando começar a colocar em prática este conhecimento*, mas **você talvez já esteja fazendo isso**".

Importante: as palavras em *itálico* são as mensagens que queremos passar, e as palavras em **negrito** são os reforços embutidos para afirmação da mensagem dita. Você se deu conta de que esses exemplos utilizam comandos embutidos?

"Oportunamente estou me perguntando se você gostaria de, além de ampliar seu poder de escolhas, se tornar um comunicador persuasivo ou não".

7. Usando comandos embutidos

a. Eu não lhe diria _____ porque...

De qualquer forma, já estou dizendo, porém minha negativa inicial quebra a resistência, e a palavra mágica "porque" atribui autoridade ao que digo ao mesmo tempo que desvia a atenção do comando embutido. Exemplo: "Eu não lhe diria *para você acreditar em mim* porque **você já sabe que o que estou falando faz sentido para você**".

b. Mais cedo ou mais tarde...

Esse padrão é um verdadeiro facilitador de comandos embutidos, no que pressupõe a inevitabilidade destes. Exemplo: "Mais cedo ou mais tarde, *você se sentirá mais seguro* em **aplicar as técnicas descritas neste livro**".

c. Algum dia (ou em algum lugar)...

Mesmo caso do anterior. Pressupõe-se que algo inevitavelmente vai acontecer, algum dia ou em algum lugar. Então, é melhor que você comece a imaginar isso agora e deixe acontecer. Exemplos: "Algum dia, *você vai se dar conta de que a melhor escolha* que poderia ter feito hoje **foi de fato ter feito investimento em autoconhecimento**"; "Em algum lugar, *alguém sempre estará sendo impactado positivamente* com o **seu poder de comunicação** nas suas plataformas digitais".

d. Tente resistir...

A pressuposição é de que qualquer resistência será inútil. Esse padrão contém um duplo vínculo: ou o cliente tenta resistir, obedecendo ao comando direto, ou não resiste, atendendo ao comando indireto. Não há como não obedecer a você. Exemplo: "Tente resistir *a esta nova proposta*".

e. Estou me perguntando se você _____ ou não.

Pergunta embutida, seguida de comando embutido. O "ou não" do final é optativo e serve para uma possível retirada estratégica. Exemplo: "Estou me perguntando se você *gostaria de compartilhar este conteúdo* **ou não**".

f. Talvez você não tenha..., ainda.

O "ainda" é outro pressuposto de inevitabilidade. O "talvez" funciona como suavizador. O "não" produz a imaginação do que está sendo negado. A metamensagem é "faça logo".

Exemplo: "Talvez você não tenha se dado conta do *poder das suas escolhas*, ainda".

g. Estou me perguntando o que você gostaria de fazer primeiro, _____ ou _____.

A cláusula temporal "primeiro", contida nessa pergunta embutida, faz pressupor que ambas as escolhas vão ocorrer de qualquer jeito. O consciente é desviado pela preocupação com a ordem em que vão ocorrer. Exemplo: "Estou me perguntando o que você gostaria de fazer primeiro, *colocar em prática esses exercícios ou compartilhar com seus amigos*".

h. Alguém pode _____, porque...

O uso da confusão, reforçada pelo padrão "lógica sem lógica". Observe, pelo exemplo, que o cérebro do ouvinte vai ter que inventar uma ligação de causalidade lógica entre as duas orações da sentença. Exemplo: "Alguém pode *se beneficiar ao utilizar e compartilhar esses padrões*, porque você sabe **como é bom ajudar as pessoas**".

i. Você vai _____ agora ou você vai _____?

A multiplicidade de escolhas disfarça a pressuposição de que a escolha é inevitável.

Exemplo: "O senhor vai *garantir este produto, comprando agora*, ou vai **deixar reservado para comprar depois**?"

j. ... disse (ou dizia) _____ que "_____".

Exemplo: "Já dizia meu avô que *"quem não arrisca não petisca"*.

k. ... me disse uma vez "_____".

Mesmo padrão anterior, enriquecido com a adição de metáforas. Exemplo: "Meu pai me disse certa vez que, *com um passo de cada vez, se vai ao longe*".

l. "fato", "fato", "fato" e...

Uma das sequências eficazes de condução hipnótica. Após uma série de afirmações comprováveis fisicamente, você faz uma sugestão que, embora não comprovável, terá alta chance de ser incorporada às demais. Exemplo: "Você está sentado nessa cadeira, na minha frente, pode olhar para meus olhos, ver minhas mãos, pode ouvir o som da minha voz e *se dar conta de que minhas intenções são as melhores possíveis ao lhe propor essa transação*".

m. É fácil _____, não é?

O mágico "não é?" final transforma o comando em uma pergunta e contorna a resistência, oferecendo a opção do contrário. Exemplo: É fácil *fechar o negócio quando as duas partes saem ganhando*, não é?

n. Sem sombra de dúvida (ou com certeza)...

Os advérbios de modo: como, felizmente, obviamente, indiscutivelmente, infelizmente etc. fazem pressupor que a afirmação que lhes segue é necessariamente verdadeira, reforçando assim os comandos embutidos. Exemplo: "Indiscutivelmente, *vale 'um gavião de penas' investir neste negócio*".

o. Eu não sei se _____.

Nesse padrão, a negação disfarça uma pergunta, que, por sua vez, disfarça um comando. É uma forma indireta de se chegar ao inconsciente. Exemplo: "Eu não sei se *esta é a grande oportunidade* que **vai mudar sua forma de perceber a vida**".

p. Você pode _____, não pode?

O que distingue esse padrão é o "não pode?" final. Você pode entender como ele suaviza o comando e cria fatores de *rapport* com o ouvinte, não pode? Exemplo: "Você pode *melhorar a sua comunicação e* **influenciar positivamente as pessoas a sua volta**, não pode?"

q. A gente pode _____ porque...

"Porque" é uma palavra mágica, porque ela empresta credibilidade emocional a tudo o que se diz antes dela.

Robert Anue

Exemplo: "A gente pode *investir mais tempo analisando o assunto* porque **você sabe que esta é uma forma de se chegar a um acordo mais seguro**".

r. Quem sabe você gostaria de _____?

Treine o uso sistemático de suavizadores. Esse padrão contém dois. No exemplo a seguir, há também a pressuposição de que o cliente vai comprar o aparelho. Exemplo: "Quem sabe a senhora gostaria de *experimentar o aparelho antes de comprá-lo?*"

s. Você provavelmente já sabe...

Forma excelente e elegante de suavizar o comando indireto que se segue. O ouvinte é conduzido a colocar em ação seu sistema de busca para verificar seu conhecimento do que é afirmado, enquanto o inconsciente capta a mensagem-comando embutida. Exemplo: "Você provavelmente já sabe *como diferenciar um conhecimento que o limita de um conhecimento que o liberta*".

t. Estou curioso para saber se...

Forma indireta de fazer a pergunta, que vai embutida. Exemplo:

Estou curioso para saber se você vai estudar minha proposta com o carinho que ela merece.

Robert Anue[32]

8.   *Chunking*

Um método de fragmentar, dividir, quebrar o conteúdo em elementos curtos, pedaços facilmente memorizados.

Para nós, que estamos nesta jornada juntos como "aprendizes de nós mesmos", no papel metafórico de "antropólogos fascinados", com objetivo de enriquecermos nosso aprendizado explorando conteúdos e conceitos acerca do nosso funcionamento e da melhor forma de operarmos e ficarmos no controle da mente, esse instrumento brilhante, fantástico, maravilhoso pode ser mais uma forma de entender as pessoas e de estabelecer sistemas eficazes de comunicação visando contornar objeções, obter concordâncias, fazer *rapport* ou simplesmente obter informações de qualidade.

Para exercitarmos e praticarmos nossa habilidade em fazermos *chunking* para cima e *chunking* para baixo, segue um exemplo da palavra "carros" (ou "automóveis").

---

[32] ANUE, Robert. Baralho Zebu (adaptado por Walter de Biase com atualizações de José Eduardo Tófoli). Esses dados constam no Portal CMC – Comunicação e comportamento. **Padrões Hipnóticos Ericksonianos.** Disponível em: https://portalcmc.com.br/padroes-hipnoticos-ericksonianos/. Acesso em: 26 jan. 2021.

Quadro 2 – Exemplo de *chunking* da palavra "carros"

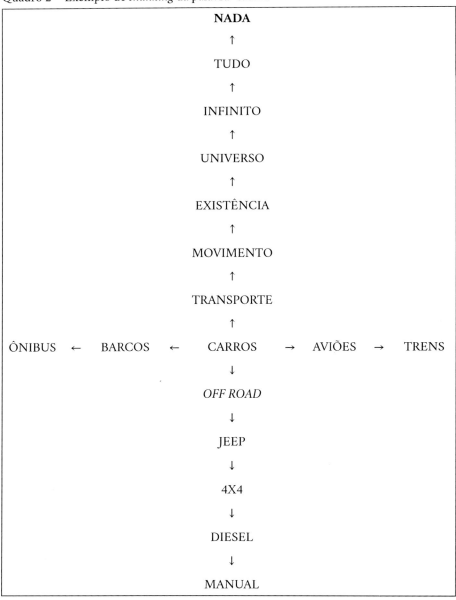

Fonte: adaptado de Dolphin Tech – curso de formação em PNL[33]

---

[33] Practitioner – Nível Básico. **Dolphin Tech** – Porto Alegre. Disponível em: https://dolphin.com.br/cursos/formacao-em-programacao-neurolinguistica/nivel-basico. Acesso em: 26 jan. 2021.

Chunking **para cima**: para extrair, fragmentar, quebrar para cima, utilize a frase gancho "**Isso é um exemplo de...**" (no caso de carros, são exemplos de "um meio de transporte", que é um exemplo de "movimento", que é um exemplo de "existência", que é um exemplo de...).

Chunking **para baixo**: para extrair, fragmentar, quebrar para baixo, utilize a frase gancho "**Isso tem como exemplo...**" (no caso de carros, tem como exemplo "*OFF ROAD*", que tem como exemplo o carro da marca "JEEP", que tem como exemplo o modelo "4X4", que tem como exemplo...).

Quando abordamos uma ideia, ela pode ser discutida de uma forma mais genérica, geral, *chunking up* (*chunking* para cima), quando teremos maiores chances de obter concordâncias, com mais chances de contornarmos objeções e resistências, ou de uma forma mais específica, *chunking down* (*chunking* para baixo), quando teremos maiores chances de obter discordâncias.

Para exemplificar, sem juízo de valor, pergunto a você: o discurso político se enquadra num plano genérico ou específico? O discurso político é, em regra, genérico, por uma razão muito simples: o político não quer contrariar nenhuma parcela relevante da população.

Todas essas técnicas e ferramentas têm como objetivo, se corretamente aplicadas, apurar nossa percepção de mundo, permitir-nos estar mais conscientes de nossos pensamentos, atitudes, acurar e ampliar nossas escolhas.

Também ajuda muito na redução de ações, escolhas por impulso, evitar a famosa expressão "falar sem pensar", tornar-se adepto da filosofia de ouvir mais e falar menos.

Você sabe me informar quantas palavras você fala por dia, em média?

Como já vimos, nosso cérebro consome em média 20% de toda a energia do nosso corpo. Só de pensamentos são mais de 70 mil por dia, escolhas e decisões são por volta de 35 mil todo dia. Sendo assim, que tal cortarmos nossas palavras em 50%? Falando menos, vamos pensar menos, desde que eu aquiete a minha mente para que ela poupe meu cérebro quando eu não estiver conversando.

Minha sugestão para exercitarmos mais a "reflexão", o "ouvir na essência", é começarmos renunciando a necessidade de convencer as outras pessoas sobre o nosso ponto de vista. Você já se deu conta de quanto você se desgasta tentando convencer outras pessoas? Eu disse "tentando" mesmo – porque ninguém convence ninguém a não ser que o outro se permita convencer. Então, para que esse hábito possa dar resultados satisfatórios, temos que começar a abrir mão de querer ter razão sempre, para começar a viver em plenitude, paz e mais feliz.

Evidentemente que essa minha sugestão não se aplica ao saudável debate de ideias, ao hábito de explorar e dissecar conteúdos ou até mesmo de discordar de algum assunto, mas sim de discordar de pessoas, evitando confundir identidade com pensamentos, ideias, crenças, comportamento, pontos de vista. Numa discussão ou debate, quase sempre o que presenciamos é a conversa "descambando" para o lado pessoal, entrando em campo o cérebro primitivo, produzindo emoções no centro identificador do perigo, acabando muitas vezes em agressões verbais, ressentimentos, mágoas e ofensas.

Além de reduzir a "tagarelice" verbal, o que você acha de diminuir o ritmo de vida? Eu sei, eu sei que estou indo na contramão da história recente propondo isso, uma vez que tudo que você ouve e vê pelos meios de comunicação, até mesmo em escolas e universidades, gurus, pessoas "bem-sucedidas" no mundo dos negócios etc., é exatamente o contrário – "que temos que correr para lá, correr para cá, trabalhar muito, que não há sucesso sem muito suor e sangue no campo de batalha, que há que vencer na vida e, para isso, ter sangue nos olhos".

Não estou dizendo que não há que se ter dedicação, responsabilidade, mas que tal olharmos para nosso trabalho como prazeroso, e não penoso, de se fazer?

Que aprendizado tiramos da natureza que nos cerca? Estamos integrados de corpo e alma na natureza? Na natureza tudo tende ao equilíbrio.

Escolha um trabalho que você ame e não terás que trabalhar um único dia em sua vida.
Confúcio

A escolha de como perceber aquilo que você faz como prazeroso ou penoso é de quem?

A realidade não muda se não mudarmos nossa forma de perceber a realidade. Tudo depende da forma como eu interpreto o mundo real, de como eu lido com cada situação que a vida me apresenta. A qualidade das minhas respostas, reações, escolhas vai depender da minha interpretação, de como vou lidar com a situação, de como captar a energia do estímulo externo, processar e converter.

Conheço altos executivos que vivem infelizes, com a vida fragmentada em todos os seus aspectos, família dividida, emocional conturbado, espiritual emaranhado, mas o financeiro e o profissional cada vez melhores; enquanto conheço profissionais que não ganham financeiramente tão bem assim, mas que vivem em lares onde reina o amor, o respeito, a paz, com a presença de todos os integrantes da família, emocional equilibrado, espiritual bem nutrido etc.; assim como conheço algumas pessoas que são prósperas em todas as áreas da vida.

E, no mais, se há infelicidade em você, fazendo o trabalho que você faz, já refletiu sobre quem escolheu por você, como ocupar a sua preciosa vida, fazendo esse trabalho?

O universo é uma sinfonia elegantemente orquestrada. Quando nosso corpo e mente estão em sintonia com o universo tudo se torna espontâneo e acontece sem esforço. E a exuberância do universo flui através de nós em alegria e êxtase. Esta é a essência da Lei do menor esforço.

Deepak Chopra

Você realmente quer estar mais consciente das escolhas que você faz por impulso e reação? Acredita que é possível se dar conta desse comportamento quando estiver ocorrendo, vivendo mais desperto e alerta para captar, processar e dar melhores respostas? Você está consciente de que só depende de você assumir o controle das suas escolhas e decisões? Acredita que você realmente merece colher melhores resultados, ter retornos mais favoráveis das escolhas que você faz, das respostas que você dá perante os desafios, estímulos e provocações?

Umas das coisas das quais sempre me lembro, é: Quais as palavras que fazem surgir imagens nas pessoas? – Então, as pessoas seguem os sentimentos criados pela imagem.

Virginia Satir

COMO CONTROLAR OS IMPULSOS?

Como vimos no primeiro capítulo, somos seres emocionais, portanto, se queremos controlar nossos comportamentos, temos que atuar na causa, e não somente no efeito. Você já parou para analisar como funciona, dentro de você, o mecanismo que desperta cada emoção? Como você se sente antes de agir por impulso? Por exemplo, responder "na lata", reagir de forma instintiva e depois se arrepender do que fez ou falou.

Figura 14 – Expressões faciais

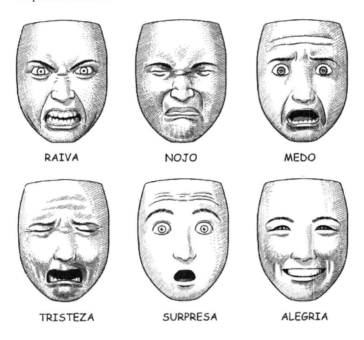

Fonte: Pinterest[34]

Uma das formas de controlar o impulso motivado pela raiva ou tristeza é você se dar conta de que você "não pega raiva", "você não pega tristeza" como pega um resfriado, por exemplo – é você quem cria esse sentimento ou emoção. Eu lhe pergunto: considerado que sua mente tem sempre uma intenção positiva, ela criaria esses sentimentos de raiva e tristeza se estivesse seguindo as suas orientações? Então é só prestar mais atenção, porque sua mente não está recebendo instruções suas. Aqui reforço a importância do estado de alerta, ficar atento, colocar o cérebro no modo manual, tirar do modo automático.

---

[34] FOTOS de expressão facial e seus significados. **PINTEREST**. [EUA, 2010]. Disponível em: https://br.pinterest.com/pin/846536061185410975/. Acesso em: 27 nov. 2020.

Mente e corpo formam um sistema único

O que acontece dentro de você, quando está indo do trabalho para casa, já atrasado para o seu jantar, e nota num outdoor à beira da rodovia uma imagem de um apetitoso sanduíche, um copo com refrigerante transbordando com gelo e batatas fritas, e só de olhar você tem a sensação da crocância?

Nem passava pela "sua cabeça" parar num fast-food, mas depois daquele estímulo, aquela sugestão, essa possibilidade está pesando forte na sua escolha; e, como se não bastasse ter fugido da sua dieta regrada no jantar, logo depois de comer sua última batatinha frita e ouvir o "ronco" do canudo esvaziando o copo de refrigerante de 500 ml, vem a sua mente uma lembrança daquela sobremesa de brownie com sorvete delicioso, que já faz algum tempo que você não aprecia. O que acontece com seu corpo quando essa lembrança aflora na sua mente? Sua poderosa e criativa imaginação coloca você degustando aquela sobremesa deliciosa, e logo você começa a salivar de vontade. Pronto. E ainda tem um reforço de uma voz interior que o "sacaneia" – "Já que estou 'enfiando o pé na jaca mesmo', vamos fechar com chave de ouro".

É muito importante, para entendermos como funciona o mecanismo de gatilho dos nossos impulsos, ter consciência dessa relação cibernética entre corpo e mente, ou seja, se nossa percepção de realidade altera ou estimula algum tipo de pensamento na mente, aparecerão reflexos no corpo.

Você conhece aquela expressão "aperto na boca do estômago"? Você imagina que algo de anormal pode ter acontecido com seu filho só porque ele se atrasou para chegar em casa hoje, e aquele pensamento gerou uma reação do corpo à mente: uma sensação.

Ainda falando dos possíveis estímulos para justificar alguns impulsos que temos e até escolhas que fazemos, não precisa me responder, mas como o corpo reage às fantasias sexuais que povoam sua mente? Já notou como o ritmo do seu coração acelera quando você pensa na pessoa que ama? O pensamento gera sensações e leva à ação, como já vimos.

Mais importante é evitarmos as escolhas desnecessárias e inúteis, para isso procure estar no controle. Onde estiver, é necessário que você esteja por inteiro, evite se fragmentar, dispersar energia com pensamentos desnecessários "atirando para todo lado", tenha foco, alvo na mira, atenção.

Mostre para seu corpo quem está no controle. Ou você controla sua mente, ou ela vai controlar você.

Como dizia Freud,

O eu não é o senhor em sua própria casa.

Para ilustrar melhor, visto que nosso cérebro adora ilustrações, figuras, desenhos, imagens, segue uma montagem, bastante simples, considerando que compreendemos como percebemos a realidade externa por meio do nosso Sistema Representacional, como processamos via Filtros Sensoriais, que mecanismos esses filtros utilizam para selecionar quais estímulos/informações armazenar.

Figura 15 – Estímulo x resposta

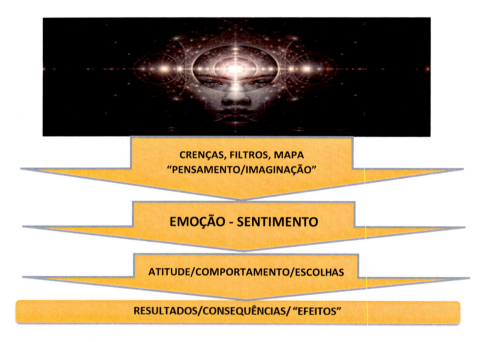

Fonte: o autor (2015)

Para auxiliar na compreensão e autoanálise, se não estou satisfeito com os resultados que estou obtendo com as minhas escolhas, "aprofundo" um nível e avalio as escolhas no nível de comportamento. Mas, se não estou satisfeito com meu comportamento e atitudes, eu "aprofundo" um nível e avalio minhas emoções, sentimentos; se quero compreender quais pensamentos estão carregados de negatividade e estão gerando essas emoções que estão tendo reflexos no corpo, "aprofundo" minha autoanálise até encontrar a origem, as causas numa estrutura ainda mais profunda. No caso de a origem serem memórias originais de dor, traumas emocionais, bloqueios, minha sugestão é fazer um tratamento por meio de ressignificação (vamos detalhar, a seguir, no tópico "Fato x significado"). No caso de crenças limitantes, desafie essas crenças fazendo perguntas poderosas: utilize o "metamodelo", como exemplo e promova a reversão para crenças possibilitadoras.

Não se pode encontrar a solução de um problema, usando a mesma consciência que criou o problema. É preciso elevar sua consciência.
Albert Einstein

Evidentemente que não existe uma escala sequencial, mas é importante entender que internamente não somos regidos pelas leis do tempo e espaço e sim pela dimensão de profundidade. Exemplos: quão profundo eu preciso ir para chegar à minha essência? Ou nível de sono – leve ou profundo. Nível de transe em estado hipnótico – leve ou profundo. Nos metamodelos, tratamos sobre a comunicação feita num processo de estrutura superficial de estímulo x processamento x resposta e, com auxílio de perguntas reversoras ou bem elaboradas, para a comunicação alcançar uma estrutura profunda.

A compreensão se obtém sem julgar, sem condenar, sem aprovar. É vigilância passiva e sem qualquer esforço. Saber vigiar, saber estar atento, saber compreender. Isto é estar desperto.
Ramacheng

FATO X SIGNIFICADO

Por que agimos ou reagimos de determinadas maneiras?

Todas as ferramentas que vimos até aqui serão úteis, se aplicadas no nível das representações internas dos fatos, emoções, visando nos tornar melhores comunicadores na relação com os outros e principalmente na comunicação com nós mesmos, compreendendo melhor sobre a natureza de seus modelos de mundo e por que agimos ou reagimos de determinadas maneiras.

Quadro 3 – Fato x significado

FATO	→	Acontecimento, insípido, inodoro, incolor e silencioso. Não é bom ou ruim.
SIGNIFICADO	→	Como representamos subjetivamente o fato.
EMOÇÃO	→	Gerada pelo significado subjetivo que dei ao fato.
REAÇÕES/COMPORTAMENTOS	→	Nível das escolhas e decisões.

Fonte: o autor (2020)

Você não tem que mudar o mundo, e sim a sua maneira de perceber o mundo

Utilizando o exemplo supracitado, se quero mudar a minha reação ou comportamento, se considero meu comportamento inadequado, o caminho é:

- Primeiro me posicionar como uma pessoa de bem com a vida, positiva, otimista. Uma pessoa de bem com a vida terá uma tendência de viver numa frequência alta de energia e otimismo, pondo-se num estado "rico de recursos" e, assim, tendo maiores e melhores escolhas/ respostas em face dos estímulos.

- Dando novo significado aos eventos já registrados e que ainda carregam emoção negativa (ressignificação), tornando-os mais úteis.

- Como você se sente não é o resultado do que está acontecendo na sua vida, e sim a sua interpretação do que está acontecendo. O que você fez com aquilo que fizeram com você?

Exemplos de padrões a serem facilmente ressignificados

Faz sentido para você a afirmação de que somos um laboratório vivo? As teorias que estão contidas neste livro são o "cardápio", mas não comemos o cardápio, portanto temos que aplicar esse conhecimento no nosso dia a dia, praticar, testar, experienciar, sair do conhecimento para experiência e da experiência para o nível de excelência e sabedoria. Um exemplo prático a ser ressignificado, mudando o padrão dando respostas mais poderosas, é a forma como respondemos às pessoas quando nos cumprimentam. O que acontece quando alguém nos agradece por algo e damos aquela resposta-padrão: "Por nada", "Não por isso..." Agora imagine a pessoa o agradecendo por algo e você dando a seguinte resposta: "Você faria o mesmo por mim". O que acontece inconscientemente na pessoa, quando ela ouve esta resposta? Você está utilizando uma comunicação direta com o inconsciente, e, sem que a pessoa se dê conta, foi instalado um driver de reciprocidade.

Seguem exemplos de comunicação poderosa:

Cumprimento

Olá, tudo bem?

Respostas-padrão: "Indo", "Empurrando com a barriga", "Sabe como é, esta crise está me quebrando..."

Ressignificando o contexto:

Olá, tudo bem?

Respostas poderosas: "Cada vez melhor, melhor e melhor!", "Melhor agora!" "Sensacional, e isso não é nada diante do que há de vir!" – são escolhas, você pode ficar no "mi, mi, mi" ou enviar um comando poderoso para sua mente inconsciente, criar realidade.

Queixas comuns x novos significados

1. "Poxa vida, meu carro enguiçou de novo".

Ressignificando: "Isso só acontece com quem tem a graça de ter um carro. Primeiro agradeça, mas depois procure uma mecânica de confiança porque, se não é a primeira vez que o carro enguiça, significa que ele já tentou o avisar que algo não estava indo bem antes, mas você não se atentou a isso. Isso faz sentido para você?"; "Coisas e objetos são uma extensão do nosso corpo, a propósito, são protótipos do corpo humano, e estão aí para nos servir. Como toda relação, com as coisas não é diferente – para que seja satisfatória, necessita que tenhamos cuidado, capricho, atenção, esmero, carinho etc.".

2. "Sabe aquela dor nas minhas costas? Voltou".

Ressignificando: "Você sabia que o corpo é naturalmente saudável e que uma de suas principais atividades é reparar a si mesmo? Nós é que muitas vezes não damos a devida atenção aos sinais confiáveis que ele nos dá, na tentativa de nos alertar quando alguma coisa não está indo bem. Costumo comparar o corpo à família: cada membro do corpo é como se fosse um membro da nossa família. Quando um filho quer chamar a sua atenção, como ele costuma se comportar? Acontece da mesma forma com os membros de nosso corpo, quando não lhes damos a atenção devida. Usamos, usamos, usamos e sequer paramos durante algum tempo do dia para nos tocar corretamente, massagearmo-nos, mentalmente agradecermos cada parte do corpo que nos abriga nesta jornada – e muitas vezes os metemos em fria, com as nossas aventuras. Pergunto a você: qual foi a última vez que você parou para conversar com seus pés? Com as suas costas? Com o seu joelho? Com os seus pulmões? Se você achou essas perguntas um tanto "esquisitas", significa que a sua relação com o corpo está distante".

3. "Meu filho só me dá dor de cabeça, não arruma o quarto, só fica na frente do computador, jogando etc."

Ressignificando: recordo-me de um treinamento, quando uma das participantes se queixou, exatamente como você está se queixando agora. Oportunamente, o treinador lembrou que muitos casais, muitas mães, gostariam de voltar para casa ao final daquele dia e encontrar a casa toda bagunçada, mas com o filho em segurança, vivo, esperando para o jantar. Quando ele perguntou: "Quantas famílias não têm mais a presença do filho ou da filha porque 'se foram' precocemente, e, embora vivam numa casa perfeitamente arrumada, convivem com um vazio enorme no coração"? Não preciso lhe dizer quanto aquela mãe queria que a hora passasse naquele dia para dar um abraço em seu filho e dizer a ele quanto o amava. O que até então significava um incômodo agora se transformou numa dádiva. Questão simples de mudança de foco.

4. "Era só o que me faltava, minha mulher agora quer que eu a ajude a fazer o jantar e lavar a louça".

Ressignificando: Que ótimo, primeiro porque isso significa que você pode ter a satisfação de curtir um momento a dois, o que é muito raro nos dias corridos de hoje, segundo porque essa atividade cria novos caminhos neurais, novos hábitos, então é você está saindo do automatismo de todo 'santo' dia fazer sempre a mesma coisa. Você faz ideia de quantos casais sobrevivem numa relação superficial e inodora, em que cada um suporta o papel que está exercendo naquela relação, sem a cumplicidade que um momento como esse, lado a lado, brincando um com outro, proporciona? E, como já vimos, de acordo com estudos sobre relacionamento conjugal, fazer com que o outro se sinta importante, valorizado, é o que mantém relacionamentos duradouros.

5. "O latido do cachorro do vizinho não me deixa dormir, é irritante".

Ressignificando: Você já ouviu sobre a lei universal da polaridade? Tudo tem seu oposto; se algo o incomoda, deve existir um motivo que seja útil, uma oportunidade, um aprendizado, uma dádiva nisso. Todavia, primeiro agradeça o fato de ter uma audição tão boa e apurada. Faça desse recurso uma benção, colocando um fone de ouvido para ouvir áudios em 432 Hz, que comprovadamente ajudam a relaxar e acalmar a mente, permitindo--lhe estar em contato maior com você mesmo, conhecendo melhor como você funciona e, com isso, blindando seu cérebro do incômodo de ruídos externos. Permita-se criar hábitos que comprovadamente são saudáveis e nutrem nossa alma e mude seu foco, afinal tudo em que você coloca seu foco expande.

6. "Estou morto de cansaço de tanto trabalhar".

Ressignificando: Que benção o fato de você ter uma ocupação profissional num momento como este, no qual tantas pessoas estão desempregadas e vivem na incerteza de conseguirem honrar seus compromissos. O corpo está cansado, mas com a mente tranquila, afinal ter uma ocupação na qual nossas habilidades sejam úteis tem a ver com o nosso propósito de nos colocarmos como instrumento, na nossa jornada de vida; sendo assim, percebeu quantos motivos você tem para se sentir agradecido?

7. "Não aguento mais aquela música do alarme do celular me despertando toda manhã".

Ressignificando: Que chique! Utilizar celular para o despertar com música. Existe uma infinidade de possíveis músicas para escolher a seu gosto. Você sabia que o seu cérebro possui uma capacidade excepcional de realizar atividades, como despertar você? Se você enviar mensagens mentalmente para o cérebro antes de adormecer, visualizando o horário que quer despertar, e for suficientemente convincente, pode até colocar seu celular para despertar por segurança, mas, como acontece comigo e muitas outras pessoas que já formaram esse hábito, alguns minutos antes do celular você será despertado pelo seu inconsciente, que nunca dorme.

8. "Tem uma goteira enorme no meu quarto, que raiva eu tenho disso".

Ressignificando: Que bom que essa goteira está o incomodando tanto a ponto de você se irritar e agir podendo escolher entre dar uma solução logo após a chuva passar e o tempo estiar, ou assim que conseguir alguém de confiança para dar uma olhada no telhado da casa. E lembre-se de agradecer, afinal só tem problemas com goteira quem tem casa.

9. "Aquela tranqueira do meu chuveiro parou de funcionar de novo".

Ressignificando: Você sabia que há menos de 100 anos nem os reis e as rainhas tinham o conforto, que temos hoje, de um chuveiro elétrico, água encanada, sistema de rede de esgoto que levam os dejetos para bem longe etc.? Eu sempre estou agradecendo meu colchão, que me aguenta faz bastante tempo, meu chuveiro, minha geladeira, meu fogão etc. Sabe por quê? Porque eles existem por um único motivo, para me servir. Se nessa relação eu der a eles atenção devida, relacionando-me com respeito, capricho, zelo e observando os sinais que eles me dão quando alguma coisa não está indo bem, com certeza a vida útil do bem será muito maior; caso contrário, logo terei que trocá-los devido, concorde você ou não, muitas vezes, a manuseio e utilização inadequados.

10. "Não aguento mais este trânsito infernal".

Ressignificando: Agradeça, abençoado, só tem problemas no trânsito quem tem carro. No início de 2020, fiquei por 60 dias sem carro em Belém, e você não imagina o que é andar a pé 10, 13 km num dia. Evidentemente que isso aconteceu quando estava em férias ou nos domingos de folga. Foi fascinante ver a maravilhosa capital do Pará de outro ponto de vista. *Data venia*, pergunto-lhe: o que está sob seu controle, nesse contexto? Você tem controle sobre o que os outros motoristas vão fazer? Você pode alterar o seu trajeto? Se você não tem como mudar o percurso e tampouco tem gestão sobre os demais motoristas que estão compartilhando esse percurso com você, só lhe resta a gestão do tempo, ou seja, procure sair um pouco mais cedo do seu local de origem para que você usufrua do tempo que poderá ser maior no percurso, relaxado e utilizando a sua mente de forma produtiva.

Enfim, podemos encontrar um significado que seja mais útil e favorável para qualquer evento ou situação da nossa vida e, assim, torná-la mais leve, pondo-nos mais presentes num estado mais "rico de recursos", para fazermos melhores escolhas. Costumo dizer que não existem problemas, existem situações. Dependendo da forma como lidamos com essas situações, elas podem se tornar possibilidades ou problemas.

Temos na PNL técnicas apropriadas para tratar casos mais crônicos. "Ressignificação em Seis Passos" é um dos clássicos processos utilizados para mudança de casos de hábitos indesejados.

Como tornar possíveis novas e diferentes visões da vida: a arte da ressignificação. Quando olhamos nossas experiências de um outro ponto de vista, nossos sentimentos mudam e encontramos novas perspectivas e conhecimentos.

Bernd Isert

PROCESSO DE APRENDIZAGEM

Sendo o automatismo um produto do processo de aprendizagem, vamos encerrar este capítulo fazendo uma pequena parada neste assunto e na teoria da escolha de William Glasser, para depois seguirmos nossa jornada rumo ao terceiro e último capítulo.

O processo de aprendizagem é constante, mas, para que seja duradouro, primeiro temos que estar abertos, dispostos a aprender, depois, além de reter, temos que aplicar e, via experiência e repetição, chegarmos ao estágio de excelência.

É fato que já nascemos com alguns automatismos primários, como choro, deglutição, sucção, mas a maioria dos automatismos é movimento aprendido ao longo da vida, secundário, produto de muita prática e exercício. Lembra-se de como você aprendeu a andar, falar, correr, saltar, dançar, nadar, escrever? Hoje você não precisa pensar para sair andando, mas quando começou a dar os primeiros passos você aprendeu pensando no que estava fazendo, até que os movimentos começassem a acontecer como se fossem naturais.

Cada pessoa tem um processo único de aprendizagem em seu próprio tempo. Vamos entender o processo de aprender ressaltando a importância da aplicação desse aprendizado, por meio das quatro fases de aprendizado e de acordo com a Programação Neurolinguística.

Primeira fase do aprendizado: *incompetência inconsciente.* Não sei que não sei – ingênua ignorância. Exemplo: ato de dirigir – quando eu tinha 8 anos de idade, andava de carro com o meu pai, fascinado com tudo o que estava acontecendo, vivendo uma aventura ao lado do meu herói. Nunca me preocupei em observar o que ele estava fazendo ou como estava conduzindo a camionete, eu simplesmente estava curtindo o passeio.

Segunda fase do aprendizado: *incompetência consciente.* Sei que não sei – incomoda não saber. Exemplo: ato de dirigir – quando eu tinha 18 anos, andava de carona com um colega para me deslocar de Santa Zélia, onde morava, até a cidade de Astorga, para trabalhar no banco Bradesco. O fato de não ter uma motocicleta e estar habilitado a pilotar estava me deixando inquieto, eu estava consciente de que não sabia pilotar e tomei a decisão de aprender.

Terceira fase do aprendizado: *competência consciente.* Atenção consciente para executar o trabalho ou tarefa. Exemplo: ato de dirigir – estou habilitado a pilotar uma motocicleta, comecei a treinar numa motocicleta do João Natal, um amigo que morava em Santa Zélia. Com foco e muita atenção no que estava fazendo, aos poucos fui dominando a deliciosa arte de pilotar, fazer manobras etc.

Quarta fase do aprendizado: *competência inconsciente.* Resultado de muita repetição e prática, alcança-se um nível de excelência no que faz. Exemplo: ato de dirigir – tomei a decisão de comprar uma moto, e foi fácil pilotar "de primeira" uma vez que eu já havia aprendido e praticado na moto do meu amigo. Embora a moto que eu tinha comprado fosse um pouco menor, os movimentos como trocar marchas com o pé, acelerar com a mão esquerda, utilizar o freio com o pé direito ou com a mão direita, levantar o pezinho da moto toda vez que saísse andando etc. já estavam no nível automático, ou seja, eu já executava com maestria vários movimentos sem pensar.

Importante: o processo faz parte do seu inconsciente, por meio do exercício da prática e repetição, com as respostas adequadas, dadas automaticamente, sem que a mente tenha que ficar dirigindo o processo. Infelizmente, desenvolvemos hábitos negativos, da mesma forma que adquirimos hábitos saudáveis, tendo como resultado milhares de escolhas e decisões com resultados insatisfatórios. Evidentemente que não temos que reaprender cada movimento todas as vezes que passarmos por aquela experiência, e é por esse motivo, e com objetivo de poupar energia, que o cérebro libera a mente consciente para se ocupar de atividades consideradas primordiais. No entanto, para evitar arrependimentos, consequência das nossas escolhas, temos que ter atenção, foco, consciência.

Pensamentos automáticos: são pensamentos que surgem sem que haja um filtro de verificação ou análise. Normalmente não estamos conscientes desse fluxo de pensamentos que ocorrem de forma automática, mas somente das emoções que eles provocam, tais como raiva, medo, nojo, tristeza, alegria, desprezo, ansiedade; ou, quando não nos damos conta de estarmos agindo sob o efeito desse sentimento, agimos de forma automática, empurrando o nível de consciência quiçá para as consequências. Fique alerta quanto ao fluxo intenso de pensamentos negativos, que distorcem totalmente a realidade, prejudicando sua vida.

TEORIA DA ESCOLHA, DE WILLIAM GLASSER

Vamos falar um pouco sobre a teoria da pirâmide de aprendizado, atribuída ao psiquiatra americano William Glasser, conhecido por diversos estudos a respeito de saúde mental e comportamento humano.

De acordo com essa teoria, também conhecida como teoria da escolha, Glasser sugere que o aluno deve aprender fazendo, na prática, ou seja, a teoria estimula a participação ativa do aluno na construção do conhecimento, mudando alguns paradigmas no ensino.

Não obstante as controvérsias e dúvidas acerca dessa teoria, diante do pressuposto de que percebemos a realidade como somos, e não como ela de fato é, e das mudanças no comportamento das pessoas nas últimas gerações, variar os estímulos e permitir uma postura mais ativa no processo de aprendizagem pode, sim, ser excelente iniciativa para melhorar o desempenho no aprendizado desse "eventualmente disperso" público.

Faz sentido para você que ensinar, compartilhar, é a melhor forma de aprender.

Importante: ame o aprendizado e esteja pronto para aprender. Em tudo que buscar, busque o entendimento e a sabedoria. Para aprender rápido, olhe para as coisas com simplicidade e naturalidade.

E lembre-se: o conhecimento é como a água, se não for utilizado, evapora rápido, mas, se for usado, transforma-se em sabedoria.

Figura 16 – Teoria da escolha, de William Glasser

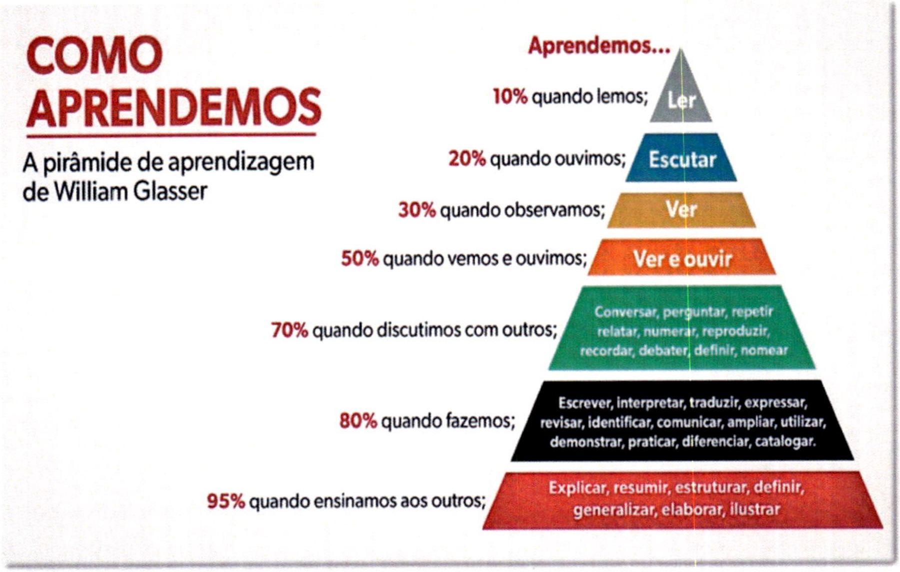

Fonte: Pinterest[35]

A vida é feita de escolhas. Você escolheu viver este dia. Escolheu ler este livro. Escolheu morar numa determinada cidade. Escolheu acreditar em certas ideias. Escolheu as pessoas que chama de amigos.
Você escolhe a comida que come, as roupas que veste e os pensamentos que tem. Escolhe estar calmo ou inquieto, sentir gratidão ou hostilidade.
O amor é uma escolha. A raiva é uma escolha. O medo é uma escolha. A coragem é uma escolha. Você escolhe.

Matthew Kelly

A escolha é possível, em certo sentido, porém o que não é possível é não escolher. Eu posso sempre escolher, mas devo estar ciente de que, se não escolher, assim mesmo estarei escolhendo.

Jean-Paul Sartre

---

[35] CLARA, Ribeiro. Pirâmide da aprendizagem: Teoria elenca as melhores formas de estudar e aprender. **Notícias Concursos**, 27 ago. 2020. Disponível em: https://noticiasconcursos.com.br/educacao/piramide-da-aprendizagem/. Acesso em: 28 jan. 2021.

3

COSTUMES

E

TRADIÇÕES

QUANDO NASCEMOS FOMOS PROGRAMADOS...

LEGIÃO URBANA

"SEMPRE FOI ASSIM"

Você já seu deu conta de quantas escolhas você fez, quantas decisões você tomou, simplesmente porque as coisas sempre foram assim?

- Porque todo mundo pensa e age assim, então eu tenho que seguir a multidão.

- Porque este é o padrão de comportamentos e hábitos que domina esta religião, sociedade, família, organização, região, país.

- Porque são hábitos e costumes que foram sendo passadas de pai para filho até os dias de hoje e nunca foram questionados.

A tradição é a transmissão de costumes, comportamentos, hábitos, memórias, crenças, mitos e crenças de uma pessoa ou geração para outra. Com o passar do tempo, esses elementos transmitidos são incorporados e passam a fazer parte da cultura familiar, de uma região ou país. Não obstante esses costumes e tradições conterem uma riqueza e preciosidade, repletos de história e significado, tudo que recebemos precisa ser questionado e desafiado pelo prisma de uma reflexão lúcida.

Você conhece a metáfora do peixe assado sem a cauda?

Havia uma mulher que, todas as vezes que fritava um peixe, cortava a cabeça e o rabo do animal.

Com o passar do tempo, o marido, intrigado com aquela perda substancial, perguntou a ela: "Querida, por que você sempre corta a cabeça e o rabo do peixe antes de fritá-lo?" Ela respondeu: "É porque minha mãe sempre fez assim".

Então ele foi perguntar para a sogra por que ela cortava a cabeça e o rabo do peixe antes de fritá-lo. A resposta foi exatamente a mesma: "É porque a minha mãe sempre fez assim".

Então o marido, inconformado, foi perguntar para a avó por que ela cortava a cabeça e o rabo do peixe antes de fritá-lo. A resposta foi esta: "Meu filho, é que naquele tempo só tínhamos uma frigideira, que era muito pequena. Como o peixe sempre era bem maior do que a frigideira, eu cortava a cabeça e o rabo para poder fritá-lo".

Aprender com os erros dos outros é sinal de sabedoria, evitando que tenhamos que errar para aprender.

Quantos comportamentos de nossos pais modelamos e importamos para nosso jeito de agir e pensar? Quantos desses hábitos simplesmente repetimos na educação dos nossos filhos porque, quando fomos educados, era assim e nunca tivemos a iniciativa ou coragem de questionar?

Infelizmente, alguns elementos se mantêm incorporados nos dias de hoje, mas deveriam ter sido abolidos na transmissão de pai para filho:

1. Acreditar que a única forma de disciplina é o castigo: "puxão de orelha, beliscão, tapas na bunda ou até mesmo em outras partes do corpo da criança".

2. Programar na mente dos filhos homens o bloqueio emocional "homem não chora".

3. Dar revistas pornográficas para os filhos homens ou incentivar a perder da virgindade indo a alguma "casa de prostituição", temendo que o filho tenha – na mente equivocada e desinformada do pai – o que muitos ainda consideram desvio na sexualidade.

4. Quando um dos filhos cometia alguma travessura, o mais velho sempre levava a culpa ou então todos apanhavam.

5. Programar a mente da criança para o negativo ou com base no medo: "Não faz isso que Deus castiga", "Não coloca a mão aí que é feio, menino", "Não fale com estranhos", "Está vendo, achei foi pouco, que você só se machucou, afinal eu bem que o avisei" etc.

6. Programar a mente da criança, obrigando a comer tudo que foi servido no prato: "Coma tudo para crescer forte", "Não pode haver desperdício, que é pecado".

7. Forçar a criança a torcer por determinado time de futebol só para agradar o pai ou para que o pai se exiba perante os amigos expondo o filhão com a camisa do seu time favorito.

8. Projetar suas frustrações nos filhos, induzindo-os a seguir carreiras profissionais, cursos universitários, que eram sonhos não realizados dos pais.

9. Forçar os filhos a cursarem medicina por status, porque era um sonho dos pais terem filhos médicos na família, ou forçar o filho

a ir para o seminário porque era o sonho do avô ter um filho ou neto sacerdote.

10. Confundir identidade com comportamento, instalando bloqueios na criança: "Não faz assim, moleque burro", "Você é feia, minha filha", "Pau que nasce torto morre torto, você é pobre, meu filho, pare de sonhar alto para não sofrer depois".

Nosso papel de filhos, e muitos já exercem o heroico papel de pai, é compreender que nossos pais fizeram o melhor que podiam na nossa formação, com os recursos que tinham à época, mas hoje temos que nos atualizar e entender que, para exercer quaisquer papéis na nossa jornada de vida, precisamos nos capacitar, aprender e nos dedicar com amor.

Se for o caso, nossa primeira atitude será perdoar e compreender que perdoar não significa que você está concordando, mas que não está mais carregando os fatos e tampouco passá-los adiante.

Sem sombra de dúvidas, não podemos subestimar a influência que nossos pais tiveram e têm sobre nós, no entanto faça o exercício de imaginar os pais quando crianças, vivendo num época com menos recursos e facilidades do que temos hoje, numa família com número bem maior de pessoas convivendo dentro do mesmo ambiente, e amorosamente entenderemos que eles não têm a obrigação de ser perfeitos, assim como nós não o somos, e que fizeram e fazem o melhor que podem.

Convido você a juntos refletirmos sobre este belíssimo texto do poeta libanês Khalil Gibran, do livro *O Profeta*:

> Vossos filhos não são vossos filhos.
>
> São filhos e filhas da ânsia da vida, por si mesma.
>
> Eles vêm através de vós, mas não de vós.
>
> E, embora vivam convosco, não vos pertencem.
>
> Podeis outorgar-lhes vosso amor, mas não vossos pensamentos, porque eles têm seus próprios pensamentos.
>
> Podeis abrigar seus corpos, mas não suas almas;
>
> Pois suas almas moram na mansão do amanhã, que vós não podeis visitar nem mesmo em sonho.
>
> Podeis esforçar-vos por ser como eles, mas não procureis fazê-los como vós,

> Porque a vida não anda para trás e não se demora com os dias passados.
>
> Vós sois os arcos dos quais vossos filhos são arremessados como flechas vivas.
>
> O Arqueiro mira o alvo na senda do infinito e vos estica com toda Sua força para que suas flechas se projetem, rápidas e para longe.
>
> Que vosso encurvamento na mão do Arqueiro seja vossa alegria: Pois assim como Ele ama a flecha que voa, ama também o arco que permanece estável. [36]

Esse texto faz sentido para mim. Entendo que vim por meio dos meus pais, mas não deles, e que todos somos filhos e filhas da vida, cada um cumprindo seu papel e, mais importante, seu propósito e missão.

Essa é uma forma de ressignificarmos grande parte dos costumes utilizados na nossa formação e que não consideramos mais úteis nos dias de hoje – e, portanto, não passaremos adiante.

Com certeza, essa atitude nos permitirá fazermos melhores escolhas; e, como vimos no segundo capítulo do livro – quando aprofundamos o metamodelo com sugestões preciosas de como desafiar as crenças utilizando perguntas superpoderosas –, a inteligência está em saber fazer perguntas.

Entendo que nossa geração foi educada a não questionar, mas não precisa continuar sendo assim. Eu recordo bem, estando em sala de aula, quando a professora perguntava se alguém tinha dúvida, mas, se um aluno levantasse a mão, era chamado de "burro". Ter dúvida era sinônimo de "burrice", tanto que o dicionário, na minha época, era conhecido como "pai dos burros". Mas somos livres para buscar o desenvolvimento e lapidação dos recursos que entendemos necessários.

Hoje compreendo que ter dúvida é sinal de inteligência, e é preciso ter coragem para questionar, desafiar suas próprias crenças, fazendo as perguntas certas. Você já se perguntou por que faz as coisas que faz? Você já se desafiou se questionando por que acredita nas coisas que você acredita? E você já se deu conta de que muitas vezes tentamos forçar outras pessoas a acreditar no que nós acreditamos, mesmo sabendo que somos o que acreditamos ser, que cada um tem um mapa, uma representação de mundo muito particular e única?

---

[36] GIBRAN, Khalil. **O Profeta.** Rio de Janeiro: Mansour Challita, 1980, p. 20.

Antes de entrarmos no principal tópico deste capítulo, gostaria de reforçar que todos nós somos "livres!" Você já se deu conta de que, independentemente das suas condições, o que determina os seus resultados são suas decisões e as suas escolhas? Você é livre para escolher!

Nós não temos o poder de escolher dois eventos que considero muito importantes nessa jornada de vida:

1. Nascimento: se eu quero ou não nascer.

2. Minha partida: se eu quero ou não morrer.

Já se deu conta de que já passamos pela primeira obrigação, portanto todos nós que aqui estamos só não temos escolhas quanto à decisão se vamos ou não "morrer" um dia? Essa é a única certeza que temos, que em determinado momento seremos agraciados com um chamado muito especial: o de voltarmos para casa. Enquanto esse dia não chega, a vida acontece e evolui. Tudo que tem forma, matéria, é finito, tem prazo para voltar ao estado original, mas a vida sempre evolui. Permita que ela aconteça em toda sua plenitude.

Afinal, se tudo que tem forma nasce, desenvolve-se, morre e volta ao estado original e somente a vida evolui, não faz muito sentido a forma como a maioria das pessoas leva a vida, acumulando coisas e mais coisas, vivendo escravas do ego, perseguindo o "quando isso acontecer, quando eu tiver uma casa maior, um carro importado, um emprego de alto nível, um tênis de marca, etc., eu viverei feliz".

Estamos vivendo numa geração de "Egos obesos", quando a palavra de ordem do momento é "competir" pelo status de possuir a casa mais cara do bairro, da cidade, por ter uma mansão em Miami, por possuir uma casa na praia, por ter vários carros importados na garagem, por ter, por possuir, por ter... e estamos nos esquecendo da nutrição da nossa "alma" e do nosso "espírito".

Se nossas escolhas por ter e possuir estiverem alinhadas ao programa da nossa alma, vamos em frente, senão melhor refletirmos sobre o rumo que estamos tomando em nossa jornada de vida.

PARADIGMAS

Como já vimos no primeiro livro da série *Reaprendendo a Viver*, no capítulo de "Crenças", todos nós temos um crençário enorme e muitas dessas crenças, infelizmente, nos limitam e nos impedem de conseguirmos ser a melhor pessoa que podemos e merecemos ser. Muitas dessas crenças nem sabemos por que existem; seguimos um padrão de comportamento da comunidade, da família, da religião, da organização, da região, do país de que fazemos parte.

Assim, vivemos segundo os paradigmas de outras pessoas, até que passem a ser nossos também.

O que são paradigmas?

São a representação de um padrão, modelos de comportamento que são seguidos rigorosamente por uma sociedade.

Etimologicamente, "paradigma" tem sua origem na Grécia antiga, traduzido como "modelo" ou "exemplo". O filósofo grego Platão foi uma das primeiras figuras históricas a usar esse termo para se referir às ideias ou aos exemplos a seguir, desde que fosse usado em um contexto em que houvesse inspiração.

Por sua vez, o filósofo americano Thomas Kuhn foi quem introduziu o termo para descrever o grupo de atividades que definem as diretrizes de uma disciplina científica dentro de um espaço temporal.

Qual é a importância de nos aprofundarmos nesse assunto, considerando que nosso tema principal são as escolhas?

Tudo que afeta como percebemos a realidade que nos cerca dentro do contexto social, como entendemos o mundo por meio da interpretação das nossas experiências, as crenças e convicções de uma sociedade, influencia nossas escolhas e decisões.

Os paradigmas possuem um sentido relevante, pois fornecem referências para a organização da sociedade. No entanto, como oferecemos resistência a mudanças, os paradigmas e convicções podem limitar nossa percepção, mantendo-nos "iludidos" em nossa zona de conforto, apoiada na segurança de velhas tradições e costumes.

Há inúmeros exemplos de paradigmas em diversas áreas do conhecimento, pois cada área possui seu próprio conjunto de referências, padrões e leis fundamentais. Sei que você sabe, mas não custa lembrar: esses paradigmas estão em constante evolução.

PARADIGMAS CIENTÍFICOS

O primeiro paradigma da ciência é marcado por um período caracterizado pelos mitos, sendo os fenômenos naturais atribuídos aos deuses, e a verdade era uma revelação divina incontestável.

"Nesta era a humanidade acreditava ser capaz de explicar e organizar a natureza, a vida social e o mundo psíquico, tendo como bases paradigmáticas a existência de dois mundos: o mundo real e outro sobrenatural"[37].

Posteriormente, nos séculos VIII a VI a.C., na Grécia Antiga, aparece a Era da Teoria do Conhecimento Clássico. Nesse período, acredita-se que a natureza tem uma ordem, uma causa e um efeito, e tudo pode ser explicado como parte dela, pois a verdade está nela contida. Nesse sentido, a verdade se daria pelo uso da razão.

"A descoberta da razão, do logos, decorre do reconhecimento pelos gregos de que a razão, a alma racional, pode ser usada como instrumento de conhecimento do mundo, das coisas, da natureza"[38].

Nessa perspectiva, o sujeito desaparece por completo, na exclusão do subjetivo, no expurgo do mundo sensível e das percepções, buscando-se entender a natureza apenas em sua essência, desconsiderando as circunstâncias e o contexto.

Na Idade Média, do século I ao século XIII, o teocentrismo era a doutrina que dominava o mundo. A religião exercia um poder absoluto, e a ideia de que Deus era o centro do Universo exercia uma grande influência na vida da população da época. A verdade se dá pela fé, na crença, com base nas escrituras sagradas.

Neste período, a Igreja detinha grande poder ao lado da nobreza, pregando uma única verdade, controlando a população no âmbito cultural ou político, refutando ideias científicas e empíricas e reprimindo, inclusive com severos castigos, inclusive com morte, quem criticasse ou questionasse os dogmas da Igreja.

Eu acredito que – opinião de um explorador curioso e fascinado, trilhando uma jornada para compreender como fazemos nossas escolhas

---

[37] CARDOSO, Clodcaldo. **A canção da inteireza:** uma visão holística da educação. São Paulo: Summus, 1995.

[38] CAPRA, Fritjof. **A teia da vida:** uma nova compreensão científica dos sistemas vivos. São Paulo: Cultrix, 1996; MORIN, Edgar. **Introducción al pensamiento complejo**. 3. ed. Barcelona: Gedisa, 1997; **Educação e complexidade:** os sete saberes e outros ensaios. São Paulo: Cortez, 2002; VASCONCELLOS, Maria José Esteves. **Pensamento sistêmico:** novo paradigma da ciência. Campinas: Papirus, 2002.

– temos muito aprendizado acerca da forma como muitos seres da nossa espécie, dotados de certo poder, oprimiam seus semelhantes, utilizando-se de interpretações tendenciosas das escrituras sagradas e pregando um Deus autoritário, punitivo, carrasco, na imagem masculina de um Senhor de barbas brancas, sentado em uma enorme cátedra, no alto dos céus – como se o céu ocupasse um lugar no espaço –, de onde fiscaliza nossos atos e nos pune e castiga quando cometemos "pecado".

Infelizmente esse paradigma perdura em algumas famílias, culturas, países até hoje.

Quantas escolhas fazemos ou deixamos de fazer por "temor" ou "medo" sustentado por convicções e crenças limitadoras? Quantos regimes e sistemas opressores e totalitários se sustentam até os dias de hoje, utilizando-se de um conjunto de crenças imposto?

Esse poder e influência que a Igreja da época exercia no mundo, que tinha as respostas e soluções para todos os problemas da vida e da sociedade, começa a ser questionado com o surgimento de pesquisas científicas desenvolvidas na época.

No modelo heliocêntrico de Copérnico, apresentado em 1514, considera-se a teoria de que os planetas descrevem órbitas circulares ao redor do Sol, sendo este último o centro do sistema solar. Essa teoria ia contra o modelo geocêntrico defendido pela Igreja naquele período, que considerava a Terra como o centro do sistema solar.

Com o surgimento do humanismo renascentista e de outras transformações sociais, filosóficas e históricas que a Europa presenciou a partir do século XVI, diante da mudança de mentalidade e do rompimento de paradigmas em relação ao período anterior, tem lugar um ser humano racional, crítico e questionador com sua própria realidade, responsável pelos seus pensamentos e ações no mundo: nascia, assim, a ideia do antropocentrismo.

O antropocentrismo surge num momento de incertezas e de ambição humana, com o movimento humanismo renascentista e outras transformações na Europa do século XV e XVI, período das grandes navegações, cujos países ibéricos foram os precursores das conquistas realizadas, desenvolvendo o comércio, surgimento da burguesia, invenção da imprensa, reforma protestante, declínio do sistema feudal, cientificismo etc.

Galileu Galilei (1564 – 1642), considerado o pai da ciência moderna, confirma a teoria de Copérnico e apresenta dois aspectos que perduram até os dias de hoje: a abordagem empírica da ciência e o uso de uma descrição matemática da natureza. Para Galileu, os resultados medidos e experimentados (Método Experimental) deveriam estar acima de qualquer autoridade. Seus estudos e contribuições ajudaram a influenciar e aprimorar a Matemática, a Física e a Astronomia.

Na Idade Moderna, Descartes tem como ponto central a concepção de que os fenômenos podem ser analisados e compreendidos se forem reduzidos às partes que os constituem. Ao conhecer uma parte de um sistema, o pesquisador chegará ao conhecimento de seu funcionamento[39]. A supervalorização da mente em detrimento do corpo originou uma avalanche de dicotomias, apoiadas na fragmentação do conhecimento e na concepção linear e mecanicista da história.

O universo material e os seres vivos são reduzidos a visão de uma máquina com funcionamento e engrenagens perfeitas, sendo governado por leis matemáticas exatas.

Neste contexto, o período newtoniano-cartesiano (Método Dedutivo) tem como pressuposto básico a fragmentação e a visão dualista do universo. Com esse paradigma, aparecem as múltiplas fragmentações: a visão de mundo material e o espiritual; do corpo e da mente; da filosofia e da ciência; do objetivo e subjetivo; da ciência e da fé, entre outras. Na Ciência Moderna, a concepção linear e mecanicista do universo, propostas por René Descartes e Isaac Newton, passa a se edificar na lógica racionalista, que nega o sagrado e a subjetividade[40].

Nesse paradigma, o ser humano é senhor do mundo, pois se dá o direito de transformar, explorar, servir-se e escravizar a natureza[41].

Atualmente, esse pensamento humanista individualista, tendo o homem como centro do universo, tendo a sua felicidade como fim, a qualquer preço, embora ainda exista, é inaceitável. Após séculos de exploração, desenfreada e sem controle, da natureza em todos os seus aspectos, exige-se que nos enxerguemos além de nós mesmos, praticando o respeito e a dignidade na relação com o outro, possibilitando a sobrevivência e o desenvolvimento de valores de manutenção da vida, respeitando todas as culturas e os modos de existência.

---

[39] CAPRA, 1996.

[40] VASCONCELLOS, 2002.

[41] CAPRA, 1996.

Na verdade, participamos de uma grande sinfonia universal. Da sinfonia contida no canto dos galos que tecem cada manhã, da sinfonia das flores que embelezam os campos das abelhas que polinizam a vida, da sinfonia aprisionada em um grão de areia e entretecida na eternidade do aqui e do agora. Cada coisa tem o seu sentido, sua razão de ser, ocupa um lugar no tempo e no espaço e participa, a seu modo, da grande dança universal integrada, consciente ou inconscientemente, ao grande ritmo da festa. Na realidade somos todos cúmplices de algo neste mundo. Precisamos estar mais conscientes disto e, conseqüentemente, mais responsáveis. [42]

Maria Cândida Moraes

Na segunda fase da Modernidade, final do século XVIII até o início do século XIX, por meio de testes quantificadores matemáticos, busca-se a compreensão da pessoa e de sua personalidade e inteligência. Nesse período, a Psicologia torna-se ciência, separando-se da Filosofia, e assim emergem várias teorias psicológicas; dentre elas, destaca-se a Teoria Comportamental. Todas com a tentativa de explicação do comportamento humano no enquadro da simplificação de "causa e efeito".

Duas grandes teorias podem ser evidenciadas como participantes da quebra dos paradigmas científicos do início do século: Teoria da Relatividade (Einsten) e Teoria da Física Quântica (Planck). Essas duas concepções mudaram completamente os conceitos de espaço, tempo, energia, massa, especialmente a forma como o ser humano é percebido nas diferentes áreas do conhecimento.

PARADIGMAS EDUCACIONAIS

Na área da educação, o paradigma newtoriano-cartesiano levou à fragmentação do conhecimento e à supervalorização da visão racional. Propôs a primazia da razão sobre a emoção, dividiu o conhecimento em áreas, cursos e disciplinas e atingiu a prática pedagógica do professor. Esse paradigma apresenta-se bem definido enquanto orientador de práticas educativas, apresentando ideias e pressuposições muito bem delineadas. Constitui-se em estruturas mais gerais e determinantes não só da forma de conceber a eduação, mas da forma de agir educacionalmente. De acordo com Behrens e Thomé Oliari, o paradigma newtoriano-cartesiano influenciou fortemente as abordagens educacionais tradicionais, escolanovista e tecnicista[43].

---

[42] MORAES, Maria Cândida. **Pensamento eco-sistêmico:** educação, aprendizagem e cidadania no século XXI. Petrópolis: Vozes, 2004, p. 152.

[43] BEHRENS, Marilda Aparecida; THOMÉ OLIARI, Anadir Luiza. A Evolução dos Paradigmas na Educação: do pensamento científico tradicional à complexidade. **Revista Diálogo Educacional**, Curitiba, Champagnat, v. 7, n. 22, p. 53-66, set./dez. 2007.

Para Saviani[44], essas abordagens pedagógicas caracterizam-se como teorias não críticas, cuja crença reside na ideia de que a educação é a panaceia milagrosa capaz de erradicar a marginalidade de nossa sociedade. Estudar a abordagem tecnicista, portanto, pode ajudar a entender o contexto da introdução das tecnologias na escola brasileira em 1960 e esclarecer por que se formou sobre o assunto certo preconceito no meio educacional. A proposta de levar para a sala de aula qualquer novo equipamento tecnológico que a sociedade industrial vinha produzindo de modo cada vez mais acelerado foi uma das pontas de um contexto político-econômico mundial como produtor e consumidor de bens, em perspectiva de um desenvolvimento associado ao capital estrangeiro. Na educação, isso se traduziu na defesa de um modelo tecnicista, preconizando o uso das tecnologias como fator de modernização da prática pedagógica e solução de todos os seus problemas[45].

No entender de Saviani[46], a pedagogia tecnicista, na busca de neutralidade científica, procurou "planejar a educação de modo a dotá-la de uma organização racional capaz de minimizar as interferências subjetivas que pudessem por em risco sua eficiência". A educação constitui, assim, um momento fechado em si mesmo, sem qualquer tipo de interação com o seu entorno ou com questões sociais. As modernas tecnologias se destinam, portanto, à resolução de problemas internos, surgidos dentro de um âmbito reduzido.

No âmbito pedagógico, a ênfase da prática educativa recai na técnica pela técnica, buscando em manuais instruções sobre como organizar o processo de ensino. O advento da Revolução Industrial exige do ensino uma abordagem técnica, e que ela vá ao encontro das metodologias de reprodução do conhecimento.

Na abordagem tecnicista, a escola cumpre o papel fundamental de treinar os alunos, funcionando como modeladora do comportamento humano em decorrência das exigências da sociedade capitalista. O professor, entendido como um engenheiro comportamental, de acordo com a teoria behaviorista, caracteriza sua aula pela transmissão e reprodução do conhecimento e converte sua prática em uma busca incessante dos comportamentos desejados, utilizando, para isso, o condicionamento arbitrário. O aluno apresenta-se como um expectador ante a realidade objetiva e aprende mediante as técnicas de estímulo e reforço. É considerado competente

---

[44] SAVIANI, Dermeval. **Escola e democracia**. 8. ed. São Paulo: Cortez - Autores associados, 1985.

[45] LEITE, Ligia Silva *et al.* **Tecnologia Educacional:** descubra suas possibilidades na sala de aula. Petrópolis: Vozes, 2003.

[46] SAVIANI, 1985.

quanto maior a capacidade de seguir à risca os manuais de instruções. A metodologia assenta-se na repetição e no treino como forma de retenção de conteúdos. A avaliação visa ao produto, e a preocupação é se o aluno alcançou ou não os objetivos[47].

Em práticas pedagógicas fundamentadas na teoria tecnicista, cuja ênfase reside na reprodução do conhecimento, nas aulas expositivas e nos exercícios repetitivos, as tecnologias na educação aparecem como ferramentas para facilitar a reprodução fiel de conteúdos auxiliando a assimilação e a repetição. O acento não reside sobre o professor ou o aluno, mas nos próprios meios, sem se questionarem suas finalidades. Desse modo, a utilização de tecnologias na escola tecnicista foi associada a uma visão limitada de educação em que a função do aluno é aprender a fazer.

Esse contexto tecnicista levou os professores a desconfiarem da efetiva contribuição das tecnologias na educação. Autores como Sá Filho e Machado[48] começam a questionar se a simples inserção das tecnologias na educação, como aconteceu a partir de 1960, significa, de fato, melhoria na prática pedagógica ou se esta será determinada pelo uso adequado que se faz.

Nessa perspectiva, a visão tecnicista e os pressupostos do paradigma neutoriano-cartesiano não respondem mais aos desafios da sociedade contemporânea. Isso motiva pesquisadores como Capra e Morin a sugerirem que o paradigma conservador, baseado nos velhos hábitos de escutar, ler, decorar e repetir, dá lugar a outro mais condizente com as necessidades pós-modernas, o qual é nomeado de paradigma da complexidade, e sugere a construção do conhecimento baseado em relações dialéticas críticas e reflexivas.

Sem perder de vista as abordagens progressistas e ensino com pesquisa, buscamos alicerçar a proposta de inserção das tecnologias, enquanto ferramentas pedagógicas, na educação, com base nos referenciais também da abordagem holística. Acreditamos que a aliança entre essas abordagens possibilita a superação de visões conservadoras e de práticas tecnicistas na relação da educação com as tecnologias.

Estamos passando por um processo de transição paradigmática, que impõe novas abordagens na maneira de olhar o mundo. De acordo com Edgar Morin[49], há um crescente apelo para substituir um pensamento que

---

[47]   BEHRENS; THOMÉ OLIARI, 2007.

[48]   SÁ FILHO, Clovis; MACHADO, Elian de Castro. **O computador como agente transformador da educação e o papel do objeto de aprendizagem.** Disponível em: http://www.universia.com.br. Acesso em: 26 jun. 2008.

[49]   MORIN, Edgar. **A Cabeça Bem-Feita:** repensar a reforma, reformar o pensamento. 9. ed. Rio de Janeiro: Bertrand Brasil, 2004.

isola e separa por um pensamento que distingue e une, um pensamento disjuntivo e redutor por um pensamento complexo, tecido na coletividade.

Os paradigmas inovadores apresentam uma nova visão de mundo. A teoria proposta por Behrens e Thomé Oliari[50] para atender a um paradigma da complexidade pode ser formada pelas abordagens progressista, holística ou sistêmica e de ensino como pesquisa. Estas possibilitam a aproximação de referenciais de amplo valor para uma prática pedagógica mais adequada e que dê conta dos desafios da sociedade atual.

Referindo-se à formação de professores, a aliança de pressupostos dessas três concepções inovadoras supera visões reducionistas e reprodutivistas do antigo paradigma conservador. A união dessas abordagens, conectada a um ensino com subsídio das tecnologias, sendo usada como uma ferramenta de aprendizagem, é fundamental na construção de metodologias e atuações docentes inovadoras.

A visão holística de ensino se dispõe a resgatar o ser humano na sua totalidade, por isso o aluno é incitado a desenvolver inteligências múltiplas, utilizando os dois lados do cérebro, e a buscar uma formação profissional mais humana e ética. Além do mais, ela se preocupa com a educação integral do aluno e acredita na possibilidade de que todos os fenômenos do universo estejam intrinsecamente relacionados. Não é por acaso que Cardoso afirma que educar holisticamente, portanto, é estimular no aluno o desenvolvimento hamonioso das dimensões da totalidade pessoal: física, intelectual, emocional e espiritual.

A abordagem holística parte da concepção de que o todo é maior do que a soma das partes. No âmbito da educação isso implica conceber o mundo de maneira holística, como um todo integrado, e não como uma coleção de partes dissociadas, numa percepção profunda que reconhece a interdependência fundamental de todos os fenômenos[51].

PARADIGMA SOCIAL: O PARADIGMA NO CONTEXTO SOCIOCULTURAL

Nossos hábitos, valores, crenças, convicções e práticas, se forem seguido por uma multidão de pessoas em uma comunidade, país, região, passam a formar o paradigma social, estão em constante evolução.

---

[50] BEHRENS; THOMÉ OLIARI, 2007.

[51] CAPRA, 1996.

Importante lembrar que já vimos no primeiro capítulo como formamos nossos mapas da realidade, mas não custa recordar que o nosso conhecimento sobre o universo que nos cerca depende destes aspectos:

- Nossas estruturas mentais e ordenação do pensamento.

- Nossas emoções e sentimentos.

- Informações próprias do nosso tempo e contexto histórico.

- Formulação da ciência da nossa época.

- Organização da nossa sociedade.

- Cultura vigente em nossa comunidade.

Faz sentido a você que tudo isso influencie nossa forma de pensar, agir e julgar nossa percepção de mundo?

A escravidão já foi um paradigma social em dado momento da história. Durante toda a Idade Média e no início da Idade Moderna, mulheres e escravos consistiam em propriedades dos homens de posse. Esse tipo de sociedade ficou conhecida como sociedade de castas, ou sociedade estamental, pois era dividida em classes sociais e a transição de uma classe para outra não existia. Aqueles que nasciam servos morriam servos; e aqueles que nasciam na nobreza nela permaneceriam até a morte.

Os movimentos do Renascentismo e, mais tarde, o Iluminismo serviram como uma revolução ideológica; inspirados pela Revolução Francesa, resgatavam a figura do homem como centro da vida, como ser racional. O homem, então, teria a liberdade como direito nato, tirando o foco da figura do rei, de sua origem divina e do poder da Igreja.

No Brasil, tais transformações tardaram bastante a chegar e até os dias de hoje tardam a acontecer, de modo que o país foi o último a abolir a escravidão no continente americano. De modo geral, os movimentos sociais surgidos em terras brasileiras foram e são baseados em grupos e estratégias de militância criados em países de primeiro mundo, onde os crimes de ódio contra minorias são combatidos com maior ênfase e alcançam resultados mais eficazes.

Infelizmente, ao escolherem a intolerância e o ódio como recursos para deixarem sua marca, o seu legado ou como querem ser lembrados por seus amigos e familiares, muitos brasileiros colocam o país numa triste estatística: o Brasil é o país com maior número de assassinatos motivados por preconceito, tanto racial quanto homofóbico, transfóbico ou misógino. O país figura entre aqueles com estatísticas mais alarmantes em relação à violência contra a mulher e os gays, sem contar o racismo e a transfobia, que imperam sobre boa parte da população.

Por aqui, os direitos constitucionais adquiridos não impediram que o fantasma do preconceito continuasse pairando sobre a sociedade, promovendo atos de extrema violência motivados pela intolerância.

Racismo

No Brasil, o temo "racismo" é mais comumente associado ao preconceito sofrido por afrodescendentes, apesar de designar qualquer tipo de agressão (física, moral ou psicológica) motivada pela discriminação racial. O termo também pode ser utilizado para se referir à discriminação em relação aos povos asiáticos e aos indígenas, entre outros.

Segundo a Organização das Nações Unidas, a população negra é a mais afetada pela desigualdade e pela violência no Brasil. Segundo o Ministério Público do Trabalho, no mercado de trabalho, negros e pardos enfrentam mais dificuldades na progressão da carreira, na igualdade salarial e são mais vulneráveis ao assédio moral.

De acordo com o Atlas da Violência 2017, a população negra também corresponde à maioria (78,9%) dos 10% dos indivíduos com maiores chances de ser vítimas de homicídios.

Segundo revela o Levantamento Nacional de Informação Penitenciária (Infopen), o Brasil abriga a quarta maior população prisional do mundo, sendo mais da metade (61,6%) negra e parda.

Outra informação importante para autorreflexão e mudança de paradigma: de acordo com informações do Atlas, atualmente, a cada 100 pessoas assassinadas no Brasil, 71 são negras.

"Jovens e negros do sexo masculino continuam sendo assassinados todos os anos como se vivessem em situação de guerra", compara o estudo[52].

---

[52] REDAÇÃO, Carta Capital. Atlas da Violência 2017 – negros e jovens são as maiores vítimas. **Carta Capital.** 2017. Disponível em: https://www.cartacapital.com.br/sociedade/atlas-da-violencia-2017-negros-e-jovens--sao-as-maiores-vitimas/. Acesso em: 29 jan. 2021.

Com que intenção estou registrando no livro tais informações acerca desse assunto? Quais pensamentos surgiram na sua mente, ao fazer esta leitura? Que sensações e sentimentos esses pensamentos provocaram em você?

Quando nos deparamos ou até mesmo presenciamos situações como as descritas, dependendo do nosso mapa de mundo, tal representação do fato poderá nos causar tristeza, irritação, desconforto, indignação, raiva etc.; ou, caso eu esteja associado à experiência em si, coloco-me ou permito que coloquem um rótulo de vítima na minha identidade.

De acordo com o nosso aprendizado ao longo desta nossa jornada de autoconhecimento, qual seria uma atitude mais adequada nesse caso?

Está no meu controle a solução? Se está, o que me impede de resolver, agora? Se não for agora, então quando?

Se a solução não está comigo, tenho duas atitudes a tomar:

a. Ignorar.

b. Aceitar.

Quais escolhas, atitudes, jamais devemos tomar (porque, além de não gerarem solução, são atraso de vida)?

– **Pôr-se na posição de vítima**. Quando me coloco na posição de vítima, eu transfiro a responsabilidade da solução para outra pessoa. Jamais se coloque nessa posição, você tem tantos recursos quanto qualquer outro ser humano, independentemente de status social, nível de formação, cor, raça, sexo, religião. Você é o maior milagre da natureza, está aqui para experienciar e evoluir. Ter os recursos não significa que estão disponíveis para você o tempo todo e com facilidade. Desenvolvemos muitos bloqueios e desorganizamos muitos nosso depósito de recursos ao longo da nossa vida. Dependendo do estado emocional no qual nos encontramos, utilizaremos recursos pobres para resolver situações que exigem recursos melhores, e o resultado não será o desejado.

Jamais se coloque na posição de vítima, sob nenhum pretexto ou circunstância na vida. Tudo o que você precisa está em você, e só você tem a chave que dá acesso. Confie mais e não se economize.

– **Sofrer com a situação**. Se você se permite sofrer diante de uma situação que considera injusta, inadequada, inaceitável, que escolhas ou comportamento você espera que esse sentimento provoque em você? Jamais sinta "pena ou dó" de alguém ou de alguma situação. Esse tipo de sentimento não provoca atitude, escolhas que vão em direção à solução. Quando eu me permito me sentir assim, coloco-me do lado do problema, e não da solução. Sinta compaixão. Compaixão gera ação, escolhas, decisões, comportamentos, atitude, energia vibrando solução. Quando eu sinto compaixão eu me autoestímulo a fazer algo por aquela pessoa ou naquela situação. Sinta compaixão, jamais sinta "pena, dó".

Cuidado com a confusão que fazemos quanto a ser sensível. Como diz o mestre espiritual Sadhguru[53], e faz muito sentido para mim, existem duas escolhas quanto a se sentir sensível: "Você pode se sentir sensível a vida ou pode se sentir sensível ao ego. Se você é sensível ao ego, tudo te machuca e você se ofende facilmente com tudo. Mas se você é sensível à vida, tudo no mundo se tornará motivo de alegria para você".

Quando você tem um prato de comida enquanto milhões de crianças não têm um pedaço de pão para comer, isso não pode ser motivo para você sofrer; receba aquele alimento com graciosidade, agradeça – pelo menos você é um ser humano que está tendo seu corpo físico alimentado. Em vez de sofrer, alimente-se e veja o que pode fazer para ajudar a quem tem fome. Se sou sensível à vida, vou fazer o possível e necessário para ajudar na solução não porque acredito que isso me dará uma credencial para chegar ao céu, ou porque sou adepto a prestar serviços comunitários, mas simplesmente porque há humanidade em mim, e este sentimento não permitirá que eu experienciei isso e fique quieto.

É natural para você cuidar de alguém ou de alguma coisa que não esteja bem ao seu redor?

Se você sofre porque existem pessoas sofrendo e não faz nada, você só está aumentando o nível de sofrimento no mundo. A melhor coisa que você pode fazer é caminhar feliz e ver o que você pode fazer de melhor.

Misoginia

A misoginia consiste no ódio, no desprezo ou na aversão às mulheres, e poder ser identificada em diversas atitudes de desvalorização e violência contra o gênero feminino. Em relação ao tema, as estatísticas da violência contra a mulher – o tipo de expressão mais forte da misoginia – no Brasil são assustadoras.

---

[53] SADHGURU - Sensível a Vida vs. Sensível ao Ego, 2016. 1 vídeo (7 min). Publicado pelo canal PerceptionFX. Disponível em: https://www.youtube.com/watch?v=D9ET6m5ZaJ4. Acesso em: 28 jan. 2021.

Segundo os dados informados pela plataforma Monitor da Violência do portal G1[54], que recebe os números das Secretarias de Segurança Pública dos estados, o número de mulheres assassinadas por crime de gênero em 2019 aumentou 7,3% em relação a 2018, o que totaliza 1.314 casos de feminicídio no Brasil no ano de 2019.

De acordo com o levantamento, o estado que mais tem casos de feminicídio é o Acre, seguido de perto por Alagoas, ambos com 2,5 mulheres mortas a cada 100 mil habitantes.

Homofobia

Trata-se de discriminação direcionada às pessoas que não se enquadram na heterossexualidade, como gays, lésbicas, bissexuais e até mesmo os assexuais.

Transfobia

É a forma de preconceito e discriminação contra transexuais, travestis e transgêneros, ou seja, pessoas cuja identidade de gênero não é a mesma atribuída ao sexo com o qual nasceu e que têm o objetivo ou não de fazer a transição para o sexo oposto com ajuda médica (cirurgias ou tratamentos hormonais). Vale ressaltar que pessoas do gênero trans podem ser alvo de homofobia, bem como homossexuais podem sofrer transfobia, visto que uma parte da população erroneamente ainda não distingue identidade de gênero de orientação sexual.

O Brasil, portanto, nós brasileiros, lideramos mais uma vergonhosa estatística, no ranking mundial de assassinatos de transexuais, segundo a ONG Transgender Europe (TGEU)[55].

---

[54] VELASCO, Clara; CAESAR, Gabriela; REIS, Thiago. G1. **Mesmo com queda recorde de mortes de mulheres, Brasil tem alta no número de feminicídios em 2019.** 2020. Disponível em: https://g1.globo.com/monitor-da-violencia/noticia/2020/03/05/mesmo-com-queda-recorde-de-mortes-de-mulheres-brasil-tem-alta-no-numero-de-feminicidios-em-2019.ghtml. Acesso em: 26 jan. 2021.

[55] CUNHA, Thaís. Correio Brasiliense. **Brasil lidera ranking mundial de assassinatos de transexuais.** Disponível em: http://especiais.correiobraziliense.com.br/brasil-lidera-ranking-mundial-de-assassinatos-de-transexuais. Acesso em: 26 jan. 2021.

As principais mudanças sociais ocorridas ao longo dos últimos anos

O século XX ficou marcado como o período em que ocorreram mais mudanças sociais em toda a história humana. Foi no decorrer desse século que as mulheres e os negros conquistaram o direito ao voto, mediante o sufrágio universal. Além disso, destacou-se bastante o movimento gay, que passou a incentivar a afirmação pública da homossexualidade e a exigir direitos civis iguais aos concedidos aos cidadãos heterossexuais.

A liberdade conquistada pelo movimento de mulheres e afrodescendentes somente foi possível a partir da chamada Era Moderna, que começou com os movimentos intelectuais renascentistas e iluministas na Europa, entre os séculos XV e XVIII. Antes disso, o continente europeu estava vivendo o período conhecido como Idade Média, o qual teve início após a queda do Império Romano.

No início da Era Moderna, a liberdade do ser humano como ser racional, entretanto, só era restrita aos homens brancos e de posse. Somente a partir de movimentos de libertação dos escravos, de revoluções populares e da criação de movimentos políticos e sociais como o feminismo e o Movimento Negro é que foram conquistados os direitos políticos e civis da totalidade da sociedade.

Historicamente, os grupos de minorias nunca tiveram tanta visibilidade como na atualidade. Isso, ao mesmo tempo que dá força a importantes movimentos sociais, faz com que correntes de ódio e de conservadorismo moral e político se desenvolvam.

Exemplos de movimentos a favor das mudanças de paradigmas sociais

Durante o desenrolar da História, diversos movimentos sociais que atuaram no sentido da conquista da igualdade tiveram destaque. Entre os principais movimentos sociais relacionados à defesa da diversidade, tivemos:

- A marcha das mulheres na França, que deu início à Revolução Francesa.
- O Movimento das Sufragistas: movimento de mulheres pelo direito ao voto na Inglaterra, no século XIX.
- A Renascença, na Europa, durante os séculos XV e XVI.

- O Iluminismo, também na Europa, nos séculos XVII e XVIII.
- O movimento abolicionista no Brasil, no século XIX.

A união de movimentos sociais contra toda forma de discriminação deu força à defesa da diversidade, que intercede a favor de direitos civis iguais para todos os cidadãos, tal como prevê a Constituição federal de 1988.

Existe uma grande necessidade de resistência e luta contínua na conquista de igualdade e na preservação dos direitos já conquistados. Enquanto houver o fantasma do preconceito na sociedade, haverá possibilidade da perda de direitos e da exploração de um grupo social sobre os demais[56].

O que precisa acontecer com você, com alguém da sua família ou alguma coisa que você considere seu, para que você se sensibilize?

A humanidade está vivendo um momento de transição, na qual – e isto espero, sinceramente –muitos seres humanos se tornarão pessoas mais sensíveis à vida, menos cruéis seletivamente falando, que expandam sua consciência.

Quantos casos de racismo e preconceito terão que acontecer na humanidade, como a tragédia do caso George Floyd, para que possamos nos tornar uma sociedade mais inclusiva, mais justa?

Você faz ideia das atrocidades que nós, humanos, fomos capazes de cometer, ao longo da história, contra seres da nossa própria espécie, com base em cor, credo ou casta?

Por que estou insistindo nesse assunto de racismo e discriminação? Porque são escolhas que fazemos e que ecoam negativamente por toda a eternidade.

Como quero ser lembrado, admirado, respeitado e importado pelas obras e lembranças que deixei por onde passei, por aqueles que testemunharam minha vida? Qual tem sido a minha marca, o impacto da minha presença neste planeta?

Qual o legado deixado por notáveis como Aristóteles, Darwin, Galeno, entre outros cientistas e pensadores, como Schopenhauer, Vogt, Nietzsche e Freud?

---

[56] **Portal We are Human.** Entenda as principais mudanças nos paradigmas sociais ao longo da história! 2017. Disponível em: https://blog.wearehuman.com.br/entenda-as-principais-mudancas-nos-paradigmas-sociais--ao-longo-da-historia//. Acesso em: 29 jan.2021.

Com certeza a contribuição desses notáveis da ciência, filosofia, educação é incontestável até os dias de hoje, entretanto eles compartilhavam de pensamentos e colocações infelizes, à época, que acredito veemente que não são recompartilhados por todas as pessoas que os admiram pelos seus legados memoráveis.

Senão vejamos: em matéria a *Revista Galileu* cita um trecho escrito por Charles Darwin, no segundo volume do livro *A Origem do Homem*, publicado em 1871, que seria considerado inadmissível nos dias de hoje, mas que infelizmente não chocou a classe científica da época: "O homem é mais poderoso em corpo e mente que a mulher, e no estado selvagem ele a mantém numa condição de servidão muito mais abjeta que o faz o macho de qualquer outro animal; portanto, não surpreende que ele tenha ganhado o poder de seleção"[57].

"A visão de Aristóteles é baseada na questão de ordem e hierarquia", contextualiza a historiadora Ana Paula Vosne Martins, professora da Universidade Federal do Paraná (UFPR) e especialista em história das mulheres. "É com essa perspectiva que ele analisa o cosmos e a natureza. Os seres humanos, como parte dessa natureza, também são ordenados em categorias hierárquicas. Masculino e feminino, quente e frio, seco e úmido, reto e curvo etc.".

Do primeiro século da era cristã até o surgimento do Renascimento, a visão aristotélica teve grande influência sobre a ciência, a filosofia e a forma de organizar a sociedade ocidental. O médico romano Cláudio Galeno, que viveu durante o século dois, foi um dos mais antigos cientistas a compartilhar a visão de Aristóteles sobre o mundo e as mulheres — essa categoria "imperfeita" da natureza.

"A gente sempre considera a ciência como o terreno da neutralidade, onde não existe discriminação. Mas boa parte da ciência produzida no século XIX criou ou fomentou preconceitos existentes nas sociedades daquela época", afirma Vosne. Nesse sentido, pode-se dizer que muitos estudos eram utilizados para validar a ideia de que certos grupos, como as mulheres ou os negros, seriam inferiores e, por isso, deveriam estar à deriva da subordinação política, social e intelectual.

Pesquisas produzidas ao longo dos séculos XVIII e XIV foram especialmente cruéis com mulheres negras, cujos corpos se tornaram objeto de pesquisa de cientistas e naturalistas interessados em estudá-las principal-

---

[57] LOPES, Larissa. Revista Galileu. **Como a ciência contribuiu com machismo e racismo ao longo da história**. 2020. Disponível em: https://revistagalileu.globo.com/Sociedade/noticia/2020/06/como-ciencia--contribuiu-com-machismo-e-racismo-ao-longo-da-historia.html. Acesso em: 26 jan. 2021.

mente do ponto de vista sexual. "Eram corpos intensamente racializados, sexualizados e objetificados", diz a professora da UFPR[58].

Como e quando vamos erradicar essa crueldade seletiva, seja por cor, seja por credo ou casta, do coração e da mente dos seres humanos?

Acredito que a maioria das nações já tenha amadurecido em termos de lei, ou Constituição – ainda existe algo a ser feito nessa esfera de atuação, mas infelizmente uma solução só será eficaz se ocorrer na esfera individual –, em cada ser humano. Infelizmente, um número substancial de seres da nossa espécie se recusa a evoluir; continua com os mesmos preconceitos, com a mesma discriminação e a mesma crueldade seletiva.

Somente com uma mudança na forma de perceber o mundo que nos rodeia, tornando-nos pessoas mais sensíveis a todas as vidas, conseguiremos elevar a consciência humana. Ser sensível com todas as vidas inclui não ser cruel com qualquer animal, sendo da nossa espécie ou não. Segundo os ensinamentos de Sadhguru, que fazem sentido para mim:

> Se você é cruel com um cachorro, mas diz que é legal com as pessoas, não funciona. Uma vez que haja crueldade seletiva em seu coração, um dia você vai chamar um ser humano de cachorro e fará o mesmo com ele. Antes de erradicarmos o mal da sociedade, temos que erradicar do coração e mente das pessoas que carregam esta crueldade seletiva. Se acontecer comigo ou com algo que me pertença é crueldade, mas se acontecer com você não é crueldade. Isso é intolerância, isso é discriminação.[59]

Convido você a juntos nos comprometermos em fazer isso acontecer, antes que nossa jornada neste planeta chegue ao fim, e assim poderemos deixar este mundo com muito menos preconceito. É possível fazer isso, só depende de querermos e vigiarmos nossas escolhas e decisões, ficarmos vigilantes onde quer que estejamos, sendo exemplos de amor ao próximo, respeito e amor aos animais, respeito e amor a todas as formas de vida.

Como eu acredito que ninguém dá o que não tem, para que possamos convencer, persuadir, conquistar, cativar, isso só será possível por meio da

---

[58] Idem.

[59] DE ONDE NASCE O RACISMO - Sadhguru Português, 2020. 1 vídeo (71min). Publicado pelo canal Sadhguru Português. Disponível em: https://www.youtube.com/watch?v=Yvkp9ghkzFE&t=1834s. Acesso em: 28 jan. 2021.

prática do amor total, amor genuíno, amor verdadeiro, amor puro; sendo assim, acredito ser oportuno avaliarmos como anda nossa autoimagem. Existem paradigmas quanto à autoimagem, vamos ver?

PARADIGMA DA AUTOIMAGEM

O que você tem dito a você sobre você mesmo? Como você se vê, no espelho e na sua mente?

Lembre-se: não vemos o mundo como ele é, e sim como nós somos. Sendo assim, tudo depende de como nos vemos internamente, da qualidade da autoimagem. Antes de fazer, você precisa ser. Já notou que muitas vezes precisamos que outras pessoas nos convençam de que não somos tão ruins como achamos que somos? Qual a causa dessa autoestima tão baixa? Quais as consequências dessa baixa autoestima nos resultados de tudo o que fazemos na nossa vida? Já parou para refletir sobre isso? Como explicar que, quando mudamos nossa forma de perceber as coisas, elevamos nossa energia e vibração interior, colocamo-nos num estado rico de recursos, passamos a nos apreciar mais e criticar menos; como mágica, tudo o que tocamos supera os resultados esperados? Qual foi a última vez que você apreciou algo que tenha feito? Qual foi a ultima vez que criticou algo que tenha feito? Em relação à vida, que padrões de pensamentos costuma ter, negativos ou positivos?

As pessoas que convivem com você, qual padrão de pensamentos vindo delas nutre a relação entre vocês? São pensamentos que o fazem se sentir especial na relação com essas pessoas? São pensamentos que elevam o nível de energia na relação?

Segundo Bob Proctor[60], Paradigma é um conjunto de ideias e hábitos que estão fixados no inconsciente e formam uma programação de como vou pensar e agir.

Você e eu fomos literalmente programados e essa programação que recebemos, herdada genética e ambientalmente de outras pessoas. É por isso que nos parecemos tanto com os nossos familiares, falamos o idioma que falamos, seguimos tradições e costumes específicos, fazemos o que fazemos e tratamos as pessoas da maneira que tratamos.

Paradigmas controlam os resultados em nossa vida. Eles têm o poder sobre tudo. A mudança de paradigma deveria ser ensinada nas escolas, e

---

[60] BOB PROCTOR – Mudança de Paradigmas – desenvolvendo altas faculdades, 2019. 1 vídeo (29 min). Publicado pelo canal Tiago Borges. Disponível em: https://www.youtube.com/watch?v=mtPzlJA6OPg&t=1087s /. Acesso em: 26 jan. 2021.

assim as crianças cresceriam sabendo como programar suas mentes para ter resultados incríveis.

> *Se existe uma palavra para descrever bem o que acontece na adolescência, essa palavra é confusão. E a confusão é sentida com tamanha força que pode, facilmente, interferir em sua autoimagem fundamental. É um quadro triste: o jovem se sente insignificante, desamparado, impotente, socialmente inaceitável, inferior – e, em alguns casos particularmente ruins, desprezado e indesejado. Por mais triste que pareça, a imagem era bem precisa quando foi construída, não por você mesmo, mas pelas atitudes e opiniões dos outros. E nesse estágio a natureza fez a mais indigna das brincadeiras: você cresceu, mas a sua autoimagem, não. É por isso que há tantas pessoas que não alcançam tudo o que gostariam em suas vidas.*

J. H. Brennan

Maxwell Maltz[61] desenvolveu a psicocibernética – um sistema empregado para melhorar a autoimagem e a autoconfiança, de modo a conduzir a uma vida mais bem-sucedida. Essa ciência afirma que todos nós, desde crianças, temos uma imagem pessoal, formada em nosso inconsciente, que, por meio de alguns dispositivos, determina nosso padrão de pensamentos, que direcionam nossas ações, estando você consciente disso ou não. Dessa maneira, uma autoimagem positiva direciona para caminhos favoráveis, assim como autoimagem negativa direciona para caminhos desfavoráveis.

Como funciona esse mecanismo cibernético? É uma ciência de controle e comunicação, com objetivo de medir o desvio de uma meta, alvo definido, enviando informação para um mecanismo de coordenação, que vai corrigir o desvio, fazer o que for necessário para mover-se em direção ao objetivo.

Por incrível que pareça, existe esse mecanismo dentro de nós. Cibernética e paradigma são ambos os sistemas de controle que operam essencialmente com o mesmo princípio, ambos mantêm um curso definido de ação e não vão desviar do curso que foi estabelecido. Se você não está alcançando o resultado esperado, você deve alterar o paradigma.

Agora vamos refletir juntos, quando repetimos determinados comportamentos ou pensamentos formamos um padrão, um hábito. Esse padrão ou hábito se caracteriza como uma diretriz para esse mecanismo.

Qual é o problema com os padrões? Os padrões se estabelecem nivelando pelo mínimo, ou pela média, normalmente. Você já viu alguém estabelecendo um padrão nivelando pelo máximo?

---

[61] MAXWELL Maltz. 2015. *In*: WIKIPEDIA: the free encyclopedia. [San Francisco, CA: Wikimedia Foundation, 2010]. Disponível em: https://pt.wikipedia.org/wiki/Maxwell_Maltz. Acesso em: 26 jan. 2021.

Exemplos desse padrão são as médias para se passar de ano nas escolas. Se você se programa para passar de ano, automaticamente os mecanismos vão garantir que você atue na média. Se, sob influência dos pais ou de algum professor, você tirar uma nota 8 em alguma prova, o sistema vai identificar esse desvio, repassar a informação para o mecanismo de controle e coordenação, que vai corrigir o desvio para garantir que você volte a tirar notas na média.

No caso de um avião, que tem uma rota previamente definida e programada, o mecanismo cibernético é o sistema que faz as correções para trazer o avião de volta ao curso, caso este passe por alguma turbulência que o tire da rota programada.

No caso do ar-condicionado da sua casa, o mecanismo cibernético é o termostato, que vai atuar para manter a temperatura que você programou para aquele ambiente.

Agora vamos refletir para o seu caso: você tem, dentro de sua mente, uma autoimagem, e essa autoimagem opera como um mecanismo cibernético. Sua autoimagem é um instrumento cibernético. Agora vamos supor que sua autoimagem indique que você está acima do peso, e você toma uma decisão de fazer uma dieta. Você começa a evitar alimentos calóricos e começa a perder peso. Só que não são esses alimentos que fazem você ficar acima do peso que você considera ideal, é a imagem que você tem registrada que o faz engordar. Se você tivesse uma imagem de magreza, você poderia comer todos esses alimentos e ainda assim se manteria no peso ideal. Você só precisa ignorar o que não é necessário para manifestação da imagem, por meio do seu sistema de eliminação.

Sistema de eliminação é um dos sistemas em seu corpo. Agora este é o ponto: quando uma pessoa começa a fazer uma dieta sem mudar ou alterar a autoimagem, qualquer perda de peso é temporária. É por isso que as pessoas ganham e perdem quilos e mais quilos durante a vida. Quero dizer, elas perdem e então são automaticamente programadas para encontrar o que perderam. A autoimagem, sendo um instrumento cibernético, medirá o desvio do objetivo, alvo definido, e ainda corrigirá imediatamente o curso – o peso que foi perdido será encontrado.

Você sabia que a imagem que você mantém em sua mente controla a composição química do seu corpo? É assim que a autoimagem em sua mente inconsciente opera automaticamente para que o corpo se mantenha dentro dos padrões e hábitos inconscientemente programados.

Nesse caso, se você quer mudar de peso, tem que antes mudar isso dentro de você, alterando o paradigma, a programação.

Como recriar minha autoimagem?

Para recriar nossa autoimagem, precisamos entender que estamos operando com nossa mente, e operamos com imagens em nosso cérebro. A questão é que ninguém jamais viu a mente, então, quando alguém começa a pensar sobre a mente, não chega a lugar algum.

Vamos ter que criar uma imagem para a mente. Imagine um grande círculo e separe-o, ao meio, em mente consciente e mente inconsciente. Vamos facilitar para seu cérebro:

Figura 17 – Teoria da mente humana

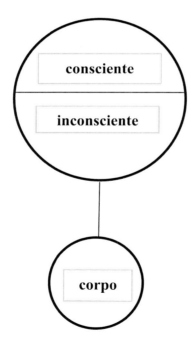

Fonte: o autor (2020)

A mente consciente é a mente que pensa, é a mente que colhe informações, mas não é essa parte da mente que está controlando seus comportamentos. A mente inconsciente controla seu comportamento e é na mente inconsciente que sua velha autoimagem está alojada. Essa velha autoimagem está controlando toda ação que você toma, toda escolha que você faz, consequentemente, está controlando os seus resultados.

Conforme vimos, a autoimagem na mente inconsciente de uma pessoa opera exatamente como um mecanismo cibernético. Se você quiser mudar os resultados, terá que mudar sua autoimagem[62].

Agora, o primeiro passo para alterar essa autoimagem é utilizar sua imaginação para fantasiar, criar imagens dos seus sonhos, emotizar. Remova a tampa de sua mente maravilhosa e sonhe.

É fundamental que você tenha objetivos bem definidos, sonhos bem definidos. Algumas pessoas não gostam da palavra "sonho" nesse sentido, mas insisto que palavras são representações de uma experiência ou fato, o significado é você quem dá. Nesse caso a palavra "sonho" é metafórica. Considerando que nosso cérebro processa por imagens, você quer uma forma mais eficaz de programar seu cérebro que criar memórias de futuro? Vendo, ouvindo e sentindo, sempre no momento presente, como se já estivesse vivendo aquela realidade almejada.

Afinal, nosso inconsciente é atemporal e não distingue se o que está recebendo via estímulos é fruto da sua imaginação ou real, portanto pratique a visualização criando imagens, filmes mentais, com maior riqueza de detalhes possível, vendo, ouvindo e sentindo o resultado que você deseja – seja de uma família reunida e feliz, seja de uma casa dos sonhos, de uma viagem há muito esperada, da formatura de um filho, de um reconhecimento no trabalho por uma promoção de cargo, da criação de um negócio próprio etc.

Importante também estabelecer um prazo para alcançar esse objetivo, colocando dia, mês e ano. Nosso inconsciente é literal, portanto temos que ser muito específicos nos comandos, e esse é um dos motivos pelos quais muitas vezes não conseguimos ter êxito em determinadas missões ou tarefas.

Sei que já vimos isso no segundo capítulo, "Como definir objetivos", mas neste caso específico estamos falando sobre a fórmula da mudança, ou fórmula do sucesso. Além de sermos específicos, nós temos que dar um comando afirmando o que queremos, e não o que não queremos.

Exemplos:

---

[62] BOB PROCTOR – Construindo a autoimagem, 2018. 1 vídeo (18 min). Publicado pelo canal Tiago Borges. Disponível em: https://www.youtube.com/watch?v=O9QZhOJNyMg. Acesso em: 27 jan. 2021.

Estado desejado: quero parar de fumar.

Como darei o comando para o meu cérebro do que eu quero para que ele me ajude a conseguir alcançar o alvo, objetivo?

Na maioria das vezes, colocamos até por escrito porque aprendemos em algum treinamento: "Vou parar de fumar até o dia tal" ou "Dia tal me vejo sem um cigarro na boca".

Não vai funcionar, ou você até conseguirá por certo período, mas não será eficaz. Sabe por quê? Porque, quando você der esse comando, a primeira imagem que virá a sua mente consciente para esta alimentar a mente inconsciente será sua autoimagem de fumante, ou seja, você fumando, já que este tem sido seu comportamento mais repetido e afirmado ultimamente.

Você precisa mudar sua autoimagem em seu inconsciente, lembra? E como faço isso? Crie uma imagem do que você quer. O que você vai conseguir tendo êxito nesse resultado esperado?

Pegou a chave? Isso mesmo, você quer parar de fumar para ter uma vida mais saudável, respirar melhor, ter mais resistência ao subir e descer escadas etc.

Revendo o estado desejado para que você crie uma imagem mental, reprogramando sua autoimagem.

Estado desejado: eu tenho hábitos saudáveis. Eu pratico natação ou comprei uma bicicleta e pedalo com alguns colegas ou faço caminhadas toda manhã... ou seja, imagine você fazendo coisas que hoje você não consegue devido ao hábito de fumar, veja, ouça e sinta, emotize, alimente seu cérebro e seu coração com esse desejo e com a convicção de que realmente conquistou o objetivo desejado.

Você precisa criar metas e objetivos coerentes e congruentes, acreditando que é possível, que depende de você e que você merece. Trabalhando as interferências de crenças limitantes, do seu crítico interior, que vive dizendo que você não consegue fazer isso ou fazer aquilo, ou que não merece isso ou aquilo, vibre numa frequência emocional para que seu coração entenda e seu cérebro também.

Suas intenções precisam ser claras, bem definidas.

Nós descobrimos neste mundo que o sucesso começa pela intenção da gente, e tudo se determina pelo nosso espírito.

Walter D. Wintle

Pensamentos são energias que emitem ondas elétricas, e a emoção emite ondas magnéticas. O magnetismo gerado na região cardíaca transforma-se em energia, e a sua intenção é conduzida por essa energia. Isso explica o poder de orações, mantras, enfim, afirmações feitas de alma e coração, que conseguem alcançar verdadeiros "milagres".

Para ilustrar melhor o processo, criei uma figura (Figura 19), inspirada na fórmula da mudança de Diltz[63], que também é muito utilizada em coaching. Parece simples, mas muitas vezes pecamos na forma.

Antes de definir o estado desejado, tenho que ter bem claro onde estou, ou seja, qual é o estado presente

Figura 18 – A fórmula da mudança – Diltz

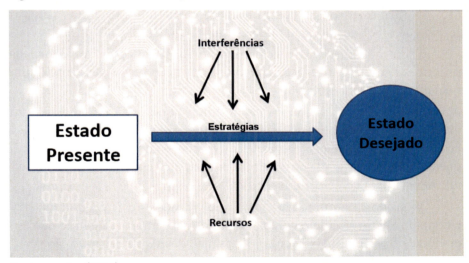

Fonte: o autor (2018)

Gosto muito de ilustrar com uma história que me ocorreu certa vez, quando estava numa demanda profissional, viajando pelo interior do Rio Grande do Sul, fazendo um levantamento da localização de uma rede de supermercados. De Porto Alegre para Novo Hamburgo eu costumava fazer via Trensurb, pelo custo da viagem, rapidez e também porque gostava de apreciar a paisagem – o que não acontece quando estamos dirigindo.

---

[63] DILTZ, Robert. **Crenças:** caminhos para a saúde e o bem-estar. São Paulo: Summus, 1993, p. 17.

Chegando a Novo Hamburgo, desci na última estação e procurei o primeiro ponto de táxi que consegui encontrar nas redondezas. Quando estava me aproximando do ponto, notei que havia três ou quatro carros em fila, no ponto, e me direcionei para o primeiro da fila – normalmente costuma ser o carro da vez. Quando me posicionei ao lado do carro, notei que o motorista estava fumando a poucos metros do ponto; ele, ao me ver ali parado, imediatamente jogou metade do cigarro que ainda restava ser queimado e entrou no táxi me pedindo para entrar também.

Qual é a primeira coisa que você faz quando entra num táxi? Então foi isso que eu fiz, informando que queria ir ao supermercado tal. Para minha surpresa, ele me olhou com certa indignação – acredito que por tê-lo feito perder metade do cigarro – e me disse que era só eu caminhar até a próxima esquina e virar à direita, seguindo alguns metros em frente, que eu encontraria o meu destino.

Nunca mais vou esquecer que, antes de definir aonde quero chegar, tenho que saber de antemão onde estou.

Ciente das possíveis interferências ao longo do percurso, da jornada, preciso ter em mente quais serão os recursos necessários para conseguir e qual estratégia vou adotar.

E, como já vimos no capítulo anterior, nossos pensamentos nutrem nossas emoções e sentimentos, que são palavras que inventamos para descrever nossa consciência da vibração em que estamos. Esse instrumento que escolhemos viver é uma estrutura molecular, é uma massa de moléculas vibrando a uma velocidade específica.

Quando está numa frequência de vibração positiva, que também chamo de estado rico de recursos, sentimo-nos bem, mas, quando não está em uma vibração positiva, sentimo-nos mal. Positivo e negativo são partes de uma lei de opostos, a lei da polaridade.

O que queremos é nos sentirmos bem, mas a vibração é controlada pelo paradigma.

Três passos para mudança de paradigmas

1. Faça uma declaração por escrito, no tempo presente, descrevendo exatamente como você está vivendo. Isso mesmo, e você pode não gostar do jeito como você está vivendo, mas você tem que descrever com detalhes, em todos os aspectos da sua vida, físico, emocional, intelectual, espiritual. Você não deve ficar relutante em escrever algumas coisas negativas, porque há coisas que não gostamos na nossa vida e temos o costume de jogar embaixo do tapete, esconder no porão do nosso inconsciente. Este é um dos lugares que você precisa observar, bem como reconhecer o problema. Se não reconhecer que tem problema, nunca vai resolver. Detalhe ao máximo todos os problemas que acredita ter na sua vida.

Pegue uma folha de papel e no topo coloque a letra A, pegue outra folha de papel e coloque B. Na lista B eu vou sugerir que você faça uma declaração no tempo presente. Eu sempre recomendo que você comece escrevendo: *Eu, ..., estou tão feliz agora que...* (descreva como você quer viver, exatamente como quer viver). Você não vai fazer isso em 15 minutos, vai levar mais tempo. Evite ficar preso em detalhes de "como" você vai fazer. O como é irrelevante, você tem que decidir que tipo de vida quer ter, de que tipo de saúde quer aproveitar, como você quer o corpo, que viagens quer fazer, com quem quer viver. Conviva com pessoas que o achem especial e que agreguem na sua vida, pessoas positivas, que vibram na mesma frequência de energia. Saiba que você é a mais alta forma da criação de Deus. Não há nada no planeta que sequer se aproxime da obra que você é.

Reflita: por que você gastaria tempo ao lado de pessoas que ficam falando quão ruim as coisas são, reclamando da vida, vibrando num nível baixo de energia?

2. Descreva sua situação financeira. Você sabia que a maioria das pessoas não sabe qual é a própria situação financeira? Você tem que sentar e detalhar sua situação financeira o máximo que puder. Quais são suas dívidas e quais são seus ativos. Em seguida, descreva como você quer que sejam suas finanças. Na primeira folha anote A e na segunda folha anote B.

Quando estiver fazendo a declaração de como você quer que sejam suas finanças, escreva assim: *Eu, ..., estou tão feliz e grato agora que...* (coloque, com máximo de detalhe, se tem liberdade financeira, quanto de ativos necessita para isso, se tem renda passiva para manter seu estilo de vida etc.).

3. Escreva, assine e em seguida leia o seguinte compromisso todo dia pelos próximos 90 dias. Você vai programar a sua mente: *Minha assinatura representa meu irrevogável compromisso de criar o hábito diante destas declarações positivas para fazer uma mudança de paradigma pelos próximos 90 dias.* Escreva no tempo presente e assine.

Agora pegue a primeira folha A, a folha que representa a situação que você está vivendo agora, e queime. Em seguida, pegue a folha B e comece a ler, e leia de novo e de novo e de novo.

Antes que você possa fazer algo, você precisa ser isso.[64]

Abundância é um estado mental onde você crê que é incrivelmente criativo. Você reconhece que o universo é abundante e que você é uma expressão do universo. Se você aceita a ideia de um universo ilimitado e abundante, abandone o desejo de controlar as circunstâncias e de forçar circunstâncias para manifestar seu desejo. Essa é a essência da lei do desapego.

Deepak Chopra

PARADIGMA DA ESCASSEZ E DA ABUNDÂNCIA

Qual a representação, o significado que você dá à palavra "pobreza"? E à palavra "riqueza"? Como você percebe o que realmente lhe faz falta, para viver feliz, para ter sucesso? Você consegue definir a sensação que você tem quando se compara com alguém ou algo? A que você dá valor na sua jornada de vida? O que significa para você ser próspero? O que você entende como recurso?

Existem várias técnicas e ferramentas, treinamentos, cursos, livros sobre a lei da atração, como ser rico, sobre prosperidade etc.

O nosso foco aqui é a percepção, desde o primeiro capítulo deste livro, de estamos numa jornada de autoconhecimento e elevação do nosso nível de consciência.

Primeiro, faça um alinhamento entre o seu propósito de vida com o programa da alma. Sua vida só terá sentido e consistência quando seus pensamentos e escolhas estiverem alinhados com sua essência.

---

[64] BOB PROCTOR – Mudança de Paradigmas – Vencer x Perder, 2020. 1 vídeo (29 min). Publicado pelo canal Tiago Borges. Disponível em: https://www.youtube.com/watch?v=3s41lvm0EOE&t=1301s. Acesso em: 27 jan. 2021.

Como faço para saber qual é a minha essência?

Compartilho a minha representação da palavra "essência", pois, como já vimos, o significado da palavra depende da experiência registrada no seu inconsciente ou, caso não tenha experiência, pode ser da imaginação, uma vez que seu inconsciente não diferencia entre o que você de fato está vivendo e o que está imaginando.

Minha essência é o que preenche a minha alma e dá sentido a minha existência. Normalmente temos a tendência de dar valor somente àquilo que podemos ver e tocar, ou seja, ao que tem forma. No caso da essência, como é algo subjetivo, normalmente depende da experiência emocional e espiritual que envolve o assunto. Faz muito sentido para mim, na comparação que Eckhart Tolle[65] faz, quando ele menciona o exemplo de uma sala: normalmente a que damos importância numa sala, numa casa, num carro? O que você acredita ser a essência de um carro? Da sua cozinha? Do seu quarto de dormir? Tudo o que não é quarto, o que não é cozinha, o que não é o carro: isso é a essência, é todo aquele espaço de "nada" que preenche o interior do carro, da casa; essa é a essência. Sem esse espaço de "vazio" o carro não passaria de um bloco de metal; a casa, de um bloco de concreto. E, seguindo essa analogia, o que você acredita ser a essência do mundo? O que está em todos os lugares?

Fez sentido a você? Sua essência é tudo que o preenche, no meu caso, minha essência é o amor genuíno, o amor verdadeiro, o amor puro, e, se você não sente isso também, é porque você ainda não se aprofundou o suficiente para tocar sua essência, aquilo que existe de mais puro em você.

Faz sentido para você que formamos o hábito de buscar fora tudo o que acreditamos ser necessário para nossa felicidade e bem-estar? Crescemos acreditando que temos que conquistar o mundo, ter poder e fama, para vivermos felizes.

É assustador o aumento nos casos de suicídio, em altas taxas entre pessoas que conseguiram prosperar financeiramente, mas infelizmente, não cultivaram, nutriram, os dons que habitam a sua essência, e isso nos faz refletir e constatar que a verdadeira felicidade, aquele sentimento de plenitude e paz, o verdadeiro amor, toda cura, tudo que você necessita, vem da imensidão do seu mundo interior.

Nossa essência é amor, a essência do mundo é amor, e nossa missão atual neste planeta é permitir que o Criador, por meio de nós, dos nossos

---

[65] TOLLE, Eckhart. **O Poder do Agora.** Rio de Janeiro: Sextante, 2002, p. 136.

dons que precisam ser cultivados, faça esse amor chegar até outras pessoas, os milhões de espécies animais que habitam este planeta, os milhões de espécies vegetais e minerais.

Somos instrumentos e, ao nos colocarmos à disposição e a serviço, encontrando-nos nas coisas de que nos ocupamos e nas quais depositamos nosso coração e nossa vida, cada vez mais seremos preenchidos pelo sentimento de completude, utilidade e paz.

Quando não permitimos que nossos dons se manifestem, floresçam e frutifiquem, interrompemos o fluxo do amor, e amor retido causa diversos males ao corpo físico e emocional. Costumo dizer que a melhor forma de nos sentirmos amados é manifestando amor, demonstrando amor, deixando que o amor flua e se manifeste por meio de nós.

Quando o homem aprender a respeitar até o menor ser da criação, seja animal ou vegetal, ninguém precisará ensiná-lo a amar seu semelhante.
Albert Schweitzer

Você conhece o mantra do despertar? Faço questão de registrá-lo em sânscrito, e depois com a tradução e interpretação do Prem Baba[66].

Mantra do despertar

PRABHU APP JAGO

PRABHU APP JAGO

PRABHU APP JAGO

PARMAATMA JAGO

MERE SARVE JAGO

SARVATRA JAGO

PRABHU AAP JAGO

PARMAATMA JAGO

DUKANTA KA KHEL KAA ANT KARO

SUKANTA KA KHEL PRAKASH KARO

O significado desse mantra é: "Deus, desperte, Deus, desperte em mim, Deus, desperte em todos os lugares". Mas podemos compreender esse significado de outras maneiras – sabemos que Deus é amor, então nós

---

[66] BABA, Sri Prem. **Propósito:** a coragem de ser quem somos. Rio de Janeiro: Sextante, 2016, p. 105.

estamos dizendo: "Que o amor desperte; que o amor desperte em mim; que o amor desperte em todos os lugares".

Só existe uma religião: a religião do amor. Só existe uma linguagem: a linguagem do coração. Só existe um Deus: e Este é Onipresente.

Sathya Sai Baba

É compreensível, devido a nossa cultura e origem latina, interpretar "trabalho" e "serviço" como algo penoso, sacrificante, batalhador, extenuante, mas podemos dar novo significado, novo sentido, afinal cada um tem seu mapa de mundo, e foi você, eu, que formamos e estamos formando esse mapa. Sendo assim, só temos que nos dar conta, despertar nossa consciência para as representações que nos impedem de sermos seres humanos melhores, de expressarmos nossos dons, de termos êxito na busca dos resultados desejados, e promover a mudança. A mudança começa e termina em mim.

Nesse exemplo da palavra "trabalho"/"serviço", que tal dar nosso significado, ou seja, como sendo uma "obra"? Que tal percebermos a expressão "colocar-se a serviço" como sendo uma atitude nobre? Amor por servir e contribuir para tornar o mundo um lugar melhor de se viver?

Colocar-se a serviço não é se sujeitar a alguém, e sim compartilhar, primeiro se encher de sabedoria e transbordar, não se economizar, não ser egoísta de conhecimento. Afinal, quanto mais você ensina, passa adiante, mais você retém.

Quando você está lidando com o infinito, você nunca pode levar mais do que compartilha.

Thomas Troward

Aprendemos, desde muito cedo, a pedir: "Pai, me dá isso", "Mãe, me dá aquilo", "Tio, me dá isso", "Deus, me ajuda, preciso tanto disso ou daquilo..."

Que tal trocarmos o pedir por oferecer? "Pai, estou aqui, precisa de mim para fazer o ajudar em alguma coisa, alguma missão?", "Mãe, eu a amo e estou a sua disposição", "Deus, sou um instrumento, coloco-me a serviço. Para qual missão precisa de mim, hoje?"

O que riqueza e prosperidade representam para você? De nada adianta ter todo o tesouro do mundo e não viver feliz e em paz.

Sempre que estou conversando com alguém sobre propósito, procuro deixar claro que dinheiro nunca deve ser o seu foco ou objetivo. Simplesmente porque, se for, você fará de tudo para tê-lo, e é exatamente isso que estamos vendo acontecer na humanidade atualmente – conquista do dinheiro a qualquer custo – sacrificando a vida, a natureza vegetal, mineral e animal, causando este enorme desequilíbrio. Dinheiro é consequência, o foco, o objetivo, o alvo tem que ser o que vou oferecer (obra, trabalho, serviço, produto) para ter em troca um justo retorno financeiro.

Qual o valor por trás do que eu vou oferecer? Quais são os seus dons? O que tem feito para que esses dons floresçam e se transformem em talentos?

Quando crescemos com medo da falta, acreditando na falta, criamos uma autoimagem que vai nos manter percebendo sempre a metade do copo que está vazio. Temos que mudar nossa autoimagem, nutrindo nossa mente com nova programação voltada para o lado positivo da vida.

Ter vontade e desejar ter um carro melhor, mais confortável, que ofereça segurança a você e sua família, uma casa mais confortável e segura, acesso a melhores recursos, a ter tudo de bom e melhor que a vida oferece é dádiva de Deus. O Universo é abundante e próspero.

Nossa escassez está na forma de perceber o que é prosperidade e riqueza. Estamos programados a perceber riqueza atrelada ao ter e poder, quando de fato já nascemos prósperos e com todos os recursos. Quando passarmos a compreender que podemos ter "mordomias" e que essa palavra representa exatamente como temos que nos sentir, usufruindo de tudo mas sem nos sentirmos dono de nada, como mordomos vivendo num universo abundante, entenderemos o verdadeiro sentido da riqueza e prosperidade.

Antes de ter uma vida próspera, temos que ter uma mentalidade próspera.

Tudo que existe e tem forma neste planeta não nos pertence e nunca nos pertencerá, inclusive o corpo que habitamos e que equivocadamente chamamos de nosso. Você não tem um corpo, eu não tenho um corpo; se não tenho, não me apego; se não me apego, não me identifico. Eu habito um corpo, que tem forma, que no princípio era energia e que pela lei da perpétua transmutação um dia voltará ao seu estado original.

Importante: o que você fala precisa estar alinhado com o que você pensa e com o que você sente. Canalize e governe suas emoções com foco e concentração. Lembrando que a realidade que você percebe é tão amistosa e amável quanto seu estado emocional. Tudo começa e termina em você, se quer um mundo maravilhoso, seu mundo interior tem que refletir exatamente isso nas pessoas, coisas, que fazem parte da sua experiência de vida.

Toda experiência, fato, ao ser percebida pelos órgãos dos sentidos, filtros, metaprogramas, memórias, crenças, valores, entra como um tipo de sentimento, é processada e sai como uma emoção, que resultará em escolhas, ações. Esse processo, também conhecido como "CCC – Captar, Converter, Canalizar", se devidamente entendido, possibilitar-lhe-á um melhor gerenciamento das suas emoções, das suas respostas, saídas, diante das inúmeras situações que a vida nos oferece.

Como já vimos, estar alerta é a primeira chave para administrar melhor nossas escolhas e decisões. Estando consciente de que estou sendo bombardeado o tempo todo por informações, entendendo como funciona o processo de conversão dessa informação, o resultado serão escolhas mais conscientes, melhores resultados.

Um pneu furado pode representar uma "dor de cabeça enorme" para algumas pessoas, enquanto para outras pessoas representará no mínimo uma oportunidade de aprendizado.

Para algumas pessoas o "dinheiro é sujo", "quem é rico não vai para o céu", "dinheiro não traz felicidade" devido a alguma programação mental relacionada à conduta de alguém da família, amigo etc. Pode ser que, em virtude dessa programação, essas pessoas terão dificuldades na relação com o dinheiro. Comece se dando conta da lei da polaridade, o dinheiro é neutro. A Lei Universal da Polaridade – "bom ou ruim, sujo ou limpo" – está ligada à forma como as pessoas lidam com o dinheiro, assim como lidam com o poder etc.

Algumas pessoas têm limitações quanto à sexualidade devido à programação que receberam quando criança, normalmente vinda de pais, que por falta de instrução ou de saber como lidar com o assunto, se limitavam a dar comandos negativos "tire a mão daí", "não faça isso", "isso é pecado", "Deus não gosta", "não toque nisso".

Precisamos entender de uma vez por todas que fomos criados com tudo o que necessitamos para levar uma vida plena e feliz. Uma vida de plenitude vem da sensação interior que temos ao reconhecer que somos a maior obra do Criador.

O problema acontece quando ficamos nos comparando com alguém ou algo porque quando comparamos nossas circunstâncias com as deles fica difícil percebermos que tudo o que necessitamos já o temos dentro de nós.

Tudo apenas é. Só passa a ser grande ou pequeno quando comparado.

Lei Universal da Comparação

Dedicando tempo a estarmos todos os dias em conexão silenciosa com a natureza e apreciar sua inteligência perfeita, poderemos nos reconectar com uma consciência superior e outra forma de alcançar a calma interior é liberando-se da necessidade de ficar julgando e avaliando as outras pessoas e circunstâncias como boas ou más, corretas ou incorretas. Quando julgamos pessoas e circunstâncias em nossas vidas, criamos turbulência que se interpõe a nossa conexão com o nosso eu superior. Renunciar a esta necessidade nos ajudará a encontrar este profundo estado de quietude.

Deepak Chopra

SUA CRIANÇA INTERIOR TEM ORGULHO DAS ESCOLHAS QUE VOCÊ ESTÁ FAZENDO?

Viajando na sua linha do tempo, saindo do seu momento presente, em direção às experiências dos seus preciosos 8 anos de idade, quando você se vir, ouvir e sentir, estando associado a um momento no qual você costumava viajar no mundo da imaginação, muito comum nessa fase de idade, quando utilizamos mais nossa mente criativa, quais sonhos costumam habitar a sua mente?

Imagine agora que você, com 8 anos, viaja na sua linha do tempo da vida, e está frente a frente com o jovem, adulto, que você é hoje. Se você não viu ainda o filme *Duas Vidas,* 2000, indico que você veja esse filme, que retrata os desejos de ter um cão, casar-se e ser piloto de avião e a origem de alguns bloqueios na infância de Rusty, uma criança que precisa de ajuda para se defender de seus colegas de escola e se sente desprezada pelas pessoas. Talvez por isso o adulto Russ se torne um consultor de imagem respeitado e de prestígio, buscando chamar a atenção das outras pessoas, mas se afastando dos sonhos de infância, tendo dificuldades para manter uma relação, vivendo sozinho em sua mansão.

Interessante e nos faz refletir, em uma parte do filme, quando o pequeno Rusty se dá conta de que se tornou um adulto fracassado por não ter realizado nenhum dos três desejos; e, ao perguntar ao adulto Russ sobre o que de fato ele faz sendo um consultor de imagem, ele diz o seguinte: "Quer dizer que eu ajudo as pessoas a mentir sobre quem elas são de verdade e aí elas mentem para outras pessoas sobre quem elas realmente são?"

Esse filme me faz refletir sobre as escolhas que fazemos na vida adulta, sem termos consciência de que estamos sufocando e matando os desejos da criança interior, por vergonha de nos expor, por falta de confiança em nós mesmos, por medo de nos decepcionarmos ou errarmos, ou, como no caso do Russ, por não acreditar que o pequeno Rusty seja digno de amor e respeito, que ele era uma vergonha para o adulto e "bem-sucedido" Russ.

Quais sonhos da minha infância ainda não consegui realizar? Quais sonhos da minha infância desisti de alcançar por não acreditar que era possível?

Fato que a criança interior está muito mais distante de quem realmente sou, enquanto adulto, muitas vezes vivendo a ilusão de uma vida calcada em valores materiais, de aparências, totalmente voltados para o fazer e ter; distancia-se cada vez mais de sua verdadeira essência, à medida que fragmenta e desnutre o corpo emocional e espiritual.

Fazer o exercício de olhar para sua criança interior, reconhecê-la, aceitá-la, vai ajudar no processo de ressignificação de crenças limitantes, de alteração de padrões comportamentais indesejáveis.

Faça as pazes com a sua própria história compreendendo que tudo o que acontece tem um propósito e lhe serve para sua evolução e aprendizado.

A VIDA É FEITA DE ESCOLHAS

João era o tipo de pessoa que você gostaria de conhecer. Ele estava sempre de bom humor e sempre tinha algo de positivo para dizer. Quando alguém lhe perguntava como ele estava, a resposta seria algo: - Se melhorar estraga.

Ele era um gerente especial, pois seus garçons o seguiam de restaurante em restaurante apenas pelas suas atitudes. Ele era um motivador nato. Se um colaborador estava tendo um dia ruim, João estava sempre dizendo como ver o lado positivo da situação. Fiquei tão curioso com seu estilo de vida que um dia lhe perguntei: – Você não pode ser uma pessoa tão positiva todo o tempo.

– Como você faz isso? Ele me respondeu:

– A cada manhã ao acordar digo para mim mesmo: João, você tem duas escolhas hoje. Pode ficar de bom humor ou de mau humor. Eu escolho ficar de bom humor. Cada vez que algo de ruim acontece, posso escolher bancar a vítima ou aprender alguma coisa com o ocorrido. Eu escolho aprender algo. Toda vez que alguém reclamar, posso escolher aceitar a reclamação ou mostrar o lado positivo da vida.

– Certo, mas não é fácil – argumentei.

– É fácil – disse-me João. – A vida é feita de escolhas. Quando você examina a fundo, em toda a situação sempre há uma escolha. Você escolhe como reagir às situações. Você escolhe como as pessoas afetarão o seu humor. É sua a escolha de como viver a sua vida. Eu pensei sobre o que João disse, e sempre lembrava dele quando fazia uma escolha. Anos mais tarde soube que João cometera um erro, deixando a porta de serviço aberta pela manhã, foi rendido por assaltantes.

Dominado, enquanto tentava abrir o cofre, sua mão, tremendo pelo nervosismo, desfez a combinação do segredo. Os ladrões entraram em pânico e atiraram nele. Por sorte ele foi encontrado a tempo de ser socorrido e levado para um hospital. Depois de 18 horas de cirurgia e semanas de tratamento intensivo, teve alta ainda com fragmentos de balas alojadas em seu corpo.

Encontrei João mais ou menos por acaso. Quando lhe perguntei como estava, respondeu: – Se melhorar estraga.

Contou-me o que havia acontecido perguntando:

– Quer ver minhas cicatrizes?

Recusei ver seus antigos ferimentos, mas perguntei-lhe o que havia passado em sua mente na ocasião do assalto.

– A primeira coisa que pensei foi que deveria ter trancado a porta de trás – respondeu. – Então, deitado no chão, ensanguentado, lembrei que tinha duas escolhas: poderia viver ou morrer. Escolhi viver.

– Você não estava com medo? – perguntei.

– Os paramédicos foram ótimos. Eles me diziam que tudo ia dar certo e que eu ia ficar bom. Mas, quando entrei na sala de emergência e vi a expressão dos médicos e enfermeiras, fiquei apavorado. Em seus lábios eu lia: "este aí já era". Decidi então que tinha que fazer algo.

– O que fez? – perguntei.

– Bem, havia uma enfermeira que fazia muitas perguntas. Perguntou-me se eu era alérgico a alguma coisa. Eu respondi: "sim". Todos pararam para ouvir a minha resposta: Tomei fôlego e gritei: "Sou alérgico a balas!" Entre as risadas lhes disse: "Eu estou escolhendo viver, operem-me como um ser vivo, não morto."

João sobreviveu graças à persistência dos médicos, mas também graças a sua atitude. Aprendi que todo dia temos a opção de viver plenamente.[67]

Autoria desconhecida

UM DIA A GENTE APRENDE QUE...[68] – POR VERONICA A. SHOFFSTALL

Depois de algum tempo você aprende a diferença, a sutil diferença, entre dar a mão e acorrentar uma alma. E, você aprende que amar não significa apoiar-se, e que companhia nem sempre significa segurança. E, começa a aprender que beijos não são contratos e presentes, não são promessas. E, começa a aceitar suas derrotas com a cabeça erguida e olhos adiante, com a graça de um adulto e não com a tristeza de uma criança.

E, aprende a construir todas as suas estradas no hoje, porque o terreno do amanhã é incerto demais para os planos, e o futuro tem o costume de cair em meio ao vão.

Depois de um tempo você aprende que o sol queima se ficar exposto por muito tempo. E, aprende que não importa o quanto você se importe, algumas pessoas simplesmente não se importam... E, aceita que não importa quão boa seja uma pessoa, ela vai feri-lo de vez em quando e você precisa perdoá-la por isso. Aprende que falar pode aliviar dores emocionais. Descobre que se leva anos para construir confiança e apenas segundos para destruí-la, e que você pode fazer coisas em um instante, das quais se arrependerá pelo resto da vida.

Aprende que verdadeiras amizades continuam a crescer mesmo a longas distâncias. E o que importa não é o que você tem na vida, mas quem você tem da vida. E que bons amigos são a família que nos permitiram escolher.

Aprende que não temos que mudar de amigos se compreendemos que os amigos mudam, percebe que seu melhor amigo e você podem fazer qualquer coisa, ou nada, e terem bons momentos juntos. Descobre que as pessoas com quem você mais se importa na vida são tomadas de você muito depressa - por isso, sempre devemos deixar as pessoas que amamos com palavras amorosas, pode ser a última vez que as vejamos.

Aprende que as circunstâncias e os ambientes têm influência sobre nós, mas nós somos responsáveis por nós mesmos. Começa a aprender que não se deve comparar com os outros, mas com o melhor que pode ser. Descobre que se leva muito tempo para se tornar a pessoa que quer ser, e que o tempo é curto.

Aprende que não importa aonde já chegou, mas onde está indo, mas se você não sabe para onde está indo, qualquer lugar serve.

---

[67] A VIDA é Feita de Escolhas. **Mensagens de Valor.** 2012. Disponível em: http://mensagensdevalor.blogspot.com/2012/08/mensagem-vida-e-feita-de-escolhas.html. Acesso em: 28 jan. 2021.

[68] SHOFFSTALL, Veronica. Veronica Shoffstall: Um dia a gente aprende que... Depois de... **Pensador**. (Trecho adaptado e adulterado do poema de Veronica Shoffstall). Disponível em: https://www.pensador.com/frase/OTQ0NjY/. Acesso em: 27 jan. 2021

Aprende que, ou você controla seus atos ou eles o controlarão, e que ser flexível não significa ser fraco ou não ter personalidade, pois não importa quão delicada e frágil seja uma situação, sempre existem dois lados.

Aprende que heróis são pessoas que fizeram o que era necessário fazer, enfrentando as consequências.

Aprende que paciência requer muita prática. Descobre que algumas vezes, a pessoa que você espera que o chute quando você cai, é uma das poucas que o ajuda a levantar-se.

Aprende que maturidade tem mais a ver com os tipos de experiência que se teve e o que você aprendeu com elas, do que com quantos aniversários você celebrou.

Aprende que há mais dos seus pais em você do que você supunha.

Aprende que nunca se deve dizer a uma criança que sonhos são bobagens, poucas coisas são tão humilhantes e seria uma tragédia se ela acreditasse nisso.

Aprende que quando se está com raiva, tem-se o direito de estar com raiva, mas isso não te dá o direito de ser cruel. Descobre que só porque alguém não lhe ama do jeito que você quer que ame, não significa que esse alguém não lhe ama com tudo o que pode, pois existem pessoas que nos amam, mas simplesmente não sabem como demonstrar ou viver isso.

Aprende que nem sempre é suficiente ser perdoado por alguém, algumas vezes você tem que aprender a perdoar-se a si mesmo.

Aprende que com a mesma severidade com que julga, você será em algum momento condenado.

Aprende que não importa em quantos pedaços seu coração foi partido, o mundo não pára para que você o conserte.

Aprende que o tempo não é algo que possa voltar para trás. Portanto, plante seu jardim e decore sua alma, ao invés de esperar que alguém lhe traga flores.

E você aprende que realmente pode suportar, que realmente é forte, e que pode ir muito mais longe depois de pensar que não se pode mais. E que realmente a vida tem valor e que você tem valor diante da vida!

Veronica A. Shoffstall[69]

---

[69] UM DIA VOCÊ APRENDE QUE... 1971. WIKIPEDIA: the free encyclopedia. [San Francisco, CA: Wikimedia Foundation, 2010]. Disponível em: https://pt.wikipedia.org/wiki/Um_Dia_Voc%C3%AA_Aprende_que... Acesso em: 27 jan. 2021

REFERÊNCIAS

A VIDA é Feita de Escolhas. **Mensagens de Valor.** 2012. Disponível em: http://mensagensdevalor.blogspot.com/2012/08/mensagem-vida-e-feita-de-escolhas.html. Acesso em: 28 jan. 2021.

ANUE, Robert. **Baralho Zebu** (adaptado por Walter de Biase com atualizações de José Eduardo Tófoli). Esses dados constam no Portal CMC – Comunicação e comportamento. **Padrões Hipnóticos Ericksonianos.** Disponível em: https://portalcmc.com.br/padroes-hipnoticos-ericksonianos/. Acesso em: 26 jan.2021.

BABA, Sri Prem. **Propósito.** Rio de Janeiro: Sextante, 2016.

BAETA, Juliana. Com mais de 12 milhões de doentes, Brasil é o país mais deprimido da América Latina, aponta OMS. **Hoje em dia.** 28 ago. 2019. Disponível em: https://www.hojeemdia.com.br/horizontes/com-mais-de-12-milh%C3%B5es-de-doentes-brasil-%C3%A9-o-pa%C3%ADs-mais-deprimido-da-am%C3%A9rica-latina-aponta-oms-1.738504 Acesso em: 28 jan. 2021.

BEHREND, Genevieve. **Seu Poder Invisível.** Tradução de Henrique Amar Rêgo Monteiro. São Paulo: Clio Editora, 2014.

BEHRENS, Marilda Aparecida; THOMÉ OLIARI, Anadir Luiza. A Evolução dos Paradigmas na Educação: do pensamento científico tradicional à complexidade. **Revista Diálogo Educacional**, Curitiba, Champagnat, v. 7, n. 22, p. 53-66, set./dez. 2007.

BOB PROCTOR – Construindo a autoimagem, 2018. 1 vídeo (18 min). Publicado pelo canal **Tiago Borges.** Disponível em: https://www.youtube.com/watch?v=O-9QZhOJNyMg. Acesso em: 27 jan. 2021.

BOB PROCTOR – Mudança de Paradigmas – desenvolvendo altas faculdades, 2019. 1 vídeo (29 min). Publicado pelo canal **Tiago Borges.** Disponível em: https://www.youtube.com/watch?v=mtPzlJA6OPg&t=1087s /. Acesso em: 26 jan. 2021.

BOB PROCTOR – Mudança de Paradigmas – Vencer x Perder, 2020. 1 vídeo (29 min). Publicado pelo canal **Tiago Borges.** Disponível em: https://www.youtube.com/watch?v=3s41lvm0EOE&t=1301s. Acesso em: 27 jan. 2021.

BOOTHMAN, Nicholas. **Como convencer alguém em 90 segundos.** Tradução de Mayara Fortin e Renato D'Almeida. São Paulo: Universo dos Livros, 2012.

BUSQUE a felicidade. **Mundo das Mensagens.** © 2006 - 2021 7Graus. Disponível em: https://www.mundodasmensagens.com/mensagem/busque-a-felicidade.html. Acesso em: 26 jan. 2021.

CAPRA, Fritjof. **A teia da vida:** uma nova compreensão científica dos sistemas vivos. São Paulo: Cultrix, 1996; MORIN, Edgar. **Introducción al pensamiento complejo**. 3. ed. Barcelona: Gedisa, 1997; **Educação e complexidade:** os sete saberes e outros ensaios. São Paulo: Cortez, 2002; VASCONCELLOS, Maria José Esteves. **Pensamento sistêmico:** novo paradigma da ciência. Campinas: Papirus, 2002.

CARDOSO, Clodoaldo. **A canção da inteireza:** uma visão holística da educação. São Paulo: Summus, 1995.

CASA E EDUCAÇÃO. **Como tomar decisões assertivas? 4 competências essenciais aos gestores no processo.** Disponível em: https://casaeducacao.com. br/tomar-decisoes/. Acesso em: 27 jan. 2021.

CHOPRA, Deepak. **As sete leis espirituais do sucesso.** São Paulo: Bestseller, 2019.

CLARA, Ribeiro. Pirâmide da aprendizagem: Teoria elenca as melhores formas de estudar e aprender. **Notícias Concursos**, 27 ago. 2020. Disponível em: https:// noticiasconcursos.com.br/educacao/piramide-da-aprendizagem/. Acesso em: 28 jan. 2021.

COMOLI, Eliane. Sistema límbico – roteiro de aula teórica. Depto Fisiologia – FMRP. **E-disciplinas USP.** Disponível em: https://edisciplinas.usp.br/pluginfile. php/4553029/mod_resource/content/2/Sistema%20Li%CC%81mbico_EC2019. pdf. Acesso em: 26 jan. 2021.

COSTA, Fernando Nogueira da. Subliminar. **Blog Cidadania e Cultura.** 2013. Disponível em: https://fernandonogueiracosta.wordpress.com/2013/04/13/ subliminar/. Acesso em: 26 jan. 2021.

CUNHA, Thaís. Correio Brasiliense. **Brasil lidera ranking mundial de assassinatos de transexuais.** Disponível em: http://especiais.correiobraziliense.com. br/brasil-lidera-ranking-mundial-de-assassinatos-de-transexuais. Acesso em: 26 jan. 2021.

DE ONDE NASCE O RACISMO - **Sadhguru Português,** 2020. 1 vídeo (71min). Publicado pelo canal Sadhguru Português. Disponível em: https://www.youtube. com/watch?v=Yvkp9ghkzFE&t=1834s. Acesso em: 28 jan. 2021.

DILTZ, Robert; HALLBOM Tim; SMITH Suzi. **Crenças**. 7. ed. Tradução de Heloísa Martins Costa. São Paulo: Summus, 1993.

Practitioner – Nível Básico. **DOLPHIN Tech** – Porto Alegre. Disponível em: https://dolphin.com.br/cursos/formacao-em-programacao-neurolinguistica/nivel-basico. Acesso em: 26 jan. 2021

DUARTE, Tales Luciano. Saia da Caixinha. **Yogui.co.** Disponível em: https://yogui.co/consciencia-cria-realidade-fisicos-admitem-que-o-universo-e-imaterial-mental-e-espiritual/. Acesso em: 26 jan. 2021.

EMOTO, Masaru. **O Verdadeiro Poder da Água**. São Paulo: Cultrix, 2007.

ESCOLHAS da Vida. **Mundo das Mensagens.** © 2006 - 2021 7Graus. Disponível em https://www.mundodasmensagens.com/escolhas-vida/. Acesso em: 27 jan. 2021.

Equipe Psicanálise Clínica**.** Diferenças - Consciente, Pré-consciente e Inconsciente. **Psicanálise clínica.** 2017. Disponível em: https://www.psicanaliseclinica.com/consciente-pre-consciente-e-inconsciente/. Acesso em: 27 jan. 2021.

FOTOS de expressão facial e seus significados. **PINTEREST.** [EUA, 2010]. Disponível em: https://br.pinterest.com/pin/846536061185410975/. Acesso em: 27 nov. 2020.

GIBRAN, Khalil. **O Profeta**. Tradução de Mansour Challita. Rio de Janeiro: José Fagundes do Amaral e Cia., 1980.

GLASSER, William. **Teoria da Escolha**. São Paulo: Mercuryo, 2001.

GLEISER, Marcelo. A realidade é como percebemos. **Folha de S. Paulo** – Ciência, 14 nov. 2010. Disponível em: https://www1.folha.uol.com.br/fsp/ciencia/fe1411201004.htm. Acesso em: 26 jan. 2021.

GOLEMAN, Daniel. **Inteligência Emocional**. Tradução de Marcos Santarrita. Rio de Janeiro: Editora Objetiva, 2005.

HAWKINS, David R. **Power vs Force**: The Hidden determinants of Human Behavior. [*S. l.*: *s. n.*], 1995.

HAY, Louise; HOLDEN, Robert. **A Vida ama Você**. Trad. Leila Couceiro. Rio de Janeiro: Sextante, 2016.

HAY, Louise. **Você pode curar a sua Vida**. Trad. Evelyn Kan Massaro. São Paulo: Editora Best Seller, 2018.

HIERARQUIA de necessidades de Maslow. **WIKIPEDIA:** the free encyclopedia. 2012. Disponível em: https://pt.wikipedia.org/wiki/Hierarquia_de_necessidades_de_Maslow. Acesso em: 26 jan. 2021.

HILL, Napoleon. **As 16 Leis do Sucesso – comentado e adaptado por Jacob Petry**. Barueri: Faro Editorial, 2017.

JUNG, C. G. **A natureza da psique**. São Paulo: Vozes, 1960.

KELLY, Matthew. **O Ritmo da Vida**. Tradução de Pedro Jorgensen Junior. Rio de Janeiro: Sextante, 2006. Título original: *The Rhythm of Life*.

LEITE, Ligia Silva *et al*. **Tecnologia Educacional:** descubra suas possibilidades na sala de aula. Petrópolis: Vozes, 2003.

LOPES, Larissa. Revista Galileu. **Como a ciência contribuiu com machismo e racismo ao longo da história**. 2020. Disponível em: https://revistagalileu.globo.com/Sociedade/noticia/2020/06/como-ciencia-contribuiu-com-machismo-e-racismo-ao-longo-da-historia.html. Acesso em: 26 jan. 2021.

MACLEAN, Paul D. **The Triune Brain in evolution**: Role in paleocerebral functions. Nova Iorque: Plenum, 1990.

MASLOW, Abraham H. **Motivação e Personalidade**. [*S. l.*]: Harper & Row Editoriais, 1954.

MAXWELL Maltz. 2015. *In*: **WIKIPEDIA:** the free encyclopedia. [San Francisco, CA: Wikimedia Foundation, 2010]. Disponível em: https://pt.wikipedia.org/wiki/Maxwell_Maltz. Acesso em: 26 jan. 2021.

MAWELL, Maltz. **Psicocibernética.** São Paulo: Record, 1972.

MENEZES, Gabriel. O Incrível Poder da Respiração – Ela faz Milagres! **Blog Spartancast.** 2017. Disponível em: https://blog.spartancast.com.br/o-poder-da-respiracao/. Acesso em: 27 jan. 2021.

MLODINOW, Leonard. **Sublimina**r. Tradução de Claudio Carina. São Paulo: Zahar, 2014.

MORAES, Maria Cândida. **Pensamento eco-sistêmico:** educação, aprendizagem e cidadania no século XXI. Petrópolis: Vozes, 2004, p. 152.

MORIN, Edgar. **A Cabeça Bem-Feita:** repensar a reforma, reformar o pensamento. 9. ed. Rio de Janeiro: Bertrand Brasil, 2004.

MUSIQUE, Paula. 30 Questões intrigantes para se perguntar todos os dias – Autoanálise. **Blog Paula Musique**, 2018. Disponível em: http://paulamusique.com/perguntas-de-autoanalise-e-reflexao/. Acesso em: 26 jan. 2021.

NÃO SE CULPE eternamente pelos seus erros. Mundo das Mensagens. © 2006 - 2021 7Graus. Disponível em: https://www.mundodasmensagens.com/mensagem/nao-se-culpe-eternamente-pelos-seus-erros.html. Acesso em: 26 jan. 2021.

O'CONNOR, Joseph; SEYMOUR, J. **Manual de Programação Neurolinguística – PNL**. 14. reimp. Tradução de Carlos Henrique Trieschmann. Rio de Janeiro: Qualitymark Editora, 2017.

OFFICE Massaru Emoto. Palavras. Disponível em: https://www.masaru-emoto.net/en/crystal-2/. Acesso em: 27 jan. 2021.

OFFICE Masaru Emoto. Poder da Oração. Disponível em: https://www.masaru-emoto.net/en/crystal-3/. Acesso em: 27 jan. 2021.

OLIVEIRA, Jorge Martins de. Percepção e Realidade. **Cérebro & mente** – opinião e discussão. Disponível em: https://cerebromente.org.br/n04/opiniao/percepcao.htm. Acesso em: 26 jan. 2021.

PORTAL We are Human. Entenda as principais mudanças nos paradigmas sociais ao longo da história! 2017. Disponível em: https://blog.wearehuman.com.br/entenda-as-principais-mudancas-nos-paradigmas-sociais-ao-longo-da-historia//. Acesso em: 29 jan.2021.

RAYA, Adrian. ¿Es un pato o un conejo? **El Español** - Omicrono, 2019. Disponível em: https://www.elespanol.com/omicrono/20190308/conejo-ia-google-resuelve--clasica-ilusion-optica/381713002_0.html. Acesso em: 26 jan. 2021.

REDAÇÃO, Carta Capital. Atlas da Violência 2017 – negros e jovens são as maiores vítimas. **Carta Capital.** 2017. Disponível em: https://www.cartacapital.com.br/sociedade/atlas-da-violencia-2017-negros-e-jovens-sao-as-maiores-vitimas/. Acesso em: 29 jan. 2021.

REDAÇÃO Minuto Saudável. Os benefícios mentais (e físicos) da respiração profunda. **Minuto saudável.** 2017. Disponível em: https://minutosaudavel.com.br/beneficios-da-respiracao-profunda/. Acesso em: 26 jan. 2021.

ROBBINS, Anthony. **Poder sem Limites**. 26. ed. Tradução de Muriel Alves Brazil. Rio de Janeiro: Editora Best Seller, 2017.

ROSSI, Bia. Qual a diferença entre Intuição e Instinto? **Jung na prática**. 2017. Disponível em: https://www.jungnapratica.com.br/qual-a-diferenca-de-intuicao-e-instinto/. Acesso em: 26 jan. 2021.

SÁ FILHO, Clovis; MACHADO, Elian de Castro. **O computador como agente transformador da educação e o papel do objeto de aprendizagem.** Disponível em: http://www.universia.com.br. Acesso em: 26 jun. 2008.

SADHGURU, Jaggi Vasudev. **Engenharia Interior.** São Paulo: Academia, 2019.

SADHGURU - **Sensível a Vida vs. Sensível ao Ego**, 2016. 1 vídeo (7 min). Publicado pelo canal PerceptionFX. Disponível em: https://www.youtube.com/watch?v=D9ET6m5ZaJ4. Acesso em: 28 jan. 2021.

SAGAN, Carl. **Cosmos**. Tradução de Paulo Geiser. São Paulo: Companhia das Letras, 2017.

SAVIANI, Dermeval. **Escola e democracia**. 8. ed. São Paulo: Cortez - Autores associados, 1985.

SCIENCE & TECHNOLOGY. Intuição e Instinto: Intuition and instinct. 2018. Disponível em: https://olivarui.wordpress.com/category/science-technology--ciencia-e-tecnologia/. Acesso em: 26 jan. 2021.

Disponível também em: https://giveitaspin.net/2018/12/11/intuition-and-instinct-2-powerful-but-different-abilities/

SHOFFSTALL, Veronica. Veronica Shoffstall: Um dia a gente aprende que... Depois de... **Pensador**. (Trecho adaptado e adulterado do poema de Veronica Shoffstall). Disponível em: https://www.pensador.com/frase/OTQ0NjY/. Acesso em: 27 jan. 2021

SILVA, Lisboa; GARATTONI, Bruno. O mundo secreto do inconsciente. **Superinteressante.** 2018. Disponível em: https://super.abril.com.br/ciencia/o-mundo-secreto-do-inconsciente/ Acesso em: 29 jan. 2021.

SPRITZER, Nelson. **Pensamento & Mudança**. 15. ed. Porto Alegre: L&PM, 1998.

SR. SPLIT Rock. YOUR BRAIN TRACKS TIME AND ALZHEIMER'S DISEASE, IS THERE A CONNECTION? 2018. Disponível em: https://splitrockrehab.com/tag/hippocampus-and-memory/. Acesso em: 26 jan. 2021.

TÓFOLI, José Eduardo. **O que te impede de Viver Feliz?** Rio de Janeiro: Lumen Juris, 2020.

TOLLE, Eckhart. **O Poder do Agora.** Rio de Janeiro: Sextante, 2002.

UM DIA VOCÊ APRENDE QUE... 1971. **WIKIPEDIA:** the free encyclopedia. [San Francisco, CA: Wikimedia Foundation, 2010]. Disponível em: https://pt.wikipedia. org/wiki/Um_Dia_Voc%C3%AA_Aprende_que... Acesso em: 27 jan. 2021

VELASCO, Clara; CAESAR, Gabriela; REIS, Thiago. G1. **Mesmo com queda recorde de mortes de mulheres, Brasil tem alta no número de feminicídios em 2019.** 2020. Disponível em: https://g1.globo.com/monitor-da-violencia/ noticia/2020/03/05/mesmo-com-queda-recorde-de-mortes-de-mulheres-brasil- -tem-alta-no-numero-de-feminicidios-em-2019.ghtml. Acesso em: 26 jan. 2021.

WONSOVICZ, Silvio. **Filosofar e Viver**. [*S. l.*]: Editora Sophos Didaticos, 2016.

ANEXOS E APÊNDICE

ANEXO A

"COMO TOMAR DECISÕES ASSERTIVAS? QUATRO COMPETÊNCIAS ESSENCIAIS AOS GESTORES NO PROCESSO"

Tomar decisões é uma exigência diária na realidade dos líderes. Os rumos da empresa, em âmbito micro e macro, dependem dos vereditos de seus gestores. Contudo, ser assertivo ao fornecer uma sentença representa um enorme desafio aos empreendedores, especialmente porque as adversidades do mercado se reinventam a todo instante.

Estimativas publicadas pelo *The Wall Street Journal* apontam que as pessoas tomam, em média, 35 mil decisões por dia – algumas mais simples, outras complexas. Aos líderes, o desafio é duplo: além de darem a palavra final em variados processos da empresa, cabe a eles também demonstrar firmeza e segurança em seus respectivos posicionamentos.

A vantagem é que, atualmente, a ciência aponta caminhos para que o processo de tomada de decisões ocorra de maneira sólida, assertiva e inteligente. O líder que compreende como usar essas informações a seu favor tem como resultado mais tranquilidade e firmeza para sustentar suas escolhas.

Para conferir os principais insights sobre o assunto, siga a leitura e explore todas as informações que vão ajudar você a tomar decisões inteligentes para a sua empresa.

Tomar decisões: os mecanismos por trás do processo

O ato de tomar decisões pode ser simples e automático. Especialmente quando a escolha já se tornou um hábito. Escovar os dentes ao acordar, dirigir para o trabalho, passar o café. São deliberações espontâneas, que não exigem esforço mental. Mas, quando se trata de decisões inéditas ou que carregam certa complexidade, o desafio se torna maior. Inclusive, líderes podem ser acometidos pelo que o psicólogo Roy F. Baumeister, autor do livro força de vontade: a redescoberta do poder do ser humano, chama de fadiga de decisões.

Ao longo do dia, quanto mais decisões você toma, mais seu cérebro se cansa. Inclusive, o especialista detectou que, conforme o dia passa, pior a qualidade das suas decisões – daí a origem da fadiga. Ela acontece principalmente porque o autocontrole e a força de vontade diminuem. Evitar a fadiga de decisões pode ser desafiador, mas é totalmente possível pelo desenvolvimento de habilidades específicas.

A seguir, você vai compreender melhor quais são elas.

Quatro competências para tomar decisões melhores

Depois de identificar o que está por trás do sistema de tomada de decisões, o próximo passo é verificar quais habilidades devem ser desenvolvidas para facilitar o processo. Confira quatro delas:

1. Clareza de pensamento

A resolução de qualquer cenário que exija uma decisão assertiva demanda clareza de pensamento. Porém, como atingir esse estado mental de tranquilidade para avaliar o contexto? A atividade física é um caminho.

Em sua autobiografia A Marca da Vitória, Phil Knight, criador da Nike, explica que sempre que tinha de tomar uma decisão importante sobre os rumos da empresa antes saía para correr 10 km ao ar livre. Ao fim da atividade, a resposta vinha à mente.

O motivo é biológico: exercícios físicos estimulam a liberação dos chamados "hormônios do bem-estar", como endorfina e serotonina, que ajudam a oxigenar o cérebro e trazem mais clareza mental.

2. Foco

Elimine o excesso de possibilidades a serem avaliadas. Foque nas opções essenciais e evite distrações externas no momento de tomar uma decisão.

Se for necessário, afaste-se fisicamente por um turno da empresa para não ter de lidar com outras distrações antes de tomar uma decisão importante.

3. Domínio estatístico

No artigo "Três maneiras de melhorar seu processo de tomada de decisão", publicado na *Harvard Business Review Brasil*, Walter Frick aponta que ter um mínimo domínio estatístico é de extrema valia para líderes que desejam tomar decisões assertivas.

O autor destaca que avaliar estudos básicos de probabilidade permite que os profissionais façam predições de maneira mais acertada, evitando que suas sentenças sejam exclusivamente determinadas por tendências cognitivas.

4. Visão ampla

Ainda no artigo publicado pela Harvard, Frick menciona Kahneman destacando que, em suas pesquisas, o renomado psicólogo identificou que líderes com visão restrita e autoconfiantes demais tendem a tomar decisões piores.

Embora possa parecer contraditório, antes de dar um veredito assertivo, um bom líder deve ter dúvidas.[70]

---

[70] Como tomar decisões assertivas? 4 competências essenciais aos gestores no processo. **Casa e Educação.** Disponível em: https://casaeducacao.com.br/tomar-decisoes/. Acesso em: 27 jan. 2021.

APÊNDICE A
RAPPORT

Figura 19 – *Rapport*: como nos comunicamos.

Fonte: o autor (2016)

Figura 20 – *Rapport*: como nos comunicamos

Fonte: o autor (2016)

ANEXO B

"PRESSUPOSTOS DA PNL – JOSEPH O'CONNOR E JOHN SEYMOUR

O MAPA NÃO É O TERRITÓRIO"

"Nossos mapas mentais do mundo não são o mundo. Reagimos aos nossos mapas em vez de reagirmos diretamente ao mundo. Mapas mentais, especialmente sensações e interpretações, podem ser atualizados com mais facilidade do que se pode mudar o mundo.

As experiências possuem uma estrutura

Nossos pensamentos e recordações possuem um padrão. Quando mudamos esse padrão ou estrutura, nossa experiência muda automaticamente. Podemos neutralizar lembranças desagradáveis e enriquecer outras que nos serão úteis.

Se uma pessoa pode fazer algo, todos podem aprender a fazê-lo também

Podemos aprender como é o mapa mental de um grande realizador e fazê-lo nosso. Muita gente pensa que certas coisas são impossíveis, sem nunca ter se disposto a fazê-las. Faça de conta que tudo é possível. Se existir um limite físico ou ambiental, o mundo da experiência vai lhe mostrar isso.

Corpo e mente são partes do mesmo sistema

Nossos pensamentos afetam instantaneamente nossa tensão muscular, respiração e sensações. Estes, por sua vez, afetam nossos pensamentos. Quando aprendemos a mudar um deles, aprendemos a mudar o outro.

As pessoas já possuem todos os recursos de que necessitam

Imagens mentais, vozes interiores, sensações e sentimentos são os blocos básicos de construção de todos os nossos recursos mentais e físicos. Podemos usá-los para construir qualquer pensamento, sentimento ou habilidade que desejarmos, colocando-os depois nas nossas vidas onde quisermos ou mais precisarmos.

É impossível NÃO se comunicar

Estamos sempre nos comunicando, pelo menos não verbalmente, e as palavras são quase sempre a parte menos importante. Um suspiro, sorriso ou olhar são formas de comunicação. Até nossos pensamentos são formas de nos comunicarmos conosco, e eles se revelam aos outros pelos nossos olhos, tons de voz, atitudes e movimentos corporais.

O significado da sua comunicação é a reação que você obtém

Os outros recebem o que dizemos e fazemos por meio dos seus mapas mentais do mundo. Quando alguém ouve algo diferente do que tivemos a intenção de dizer, esta é a nossa chance de observarmos que comunicação é o que se recebe. Observar como a nossa comunicação é recebida nos permite ajustá-la, para que da próxima vez ela possa ser mais clara.

Todo comportamento tem uma intenção positiva

Todos os comportamentos nocivos, prejudiciais ou mesmo impensados tiveram um propósito positivo originalmente. Gritar para ser reconhecido. Agredir para se defender. Esconder-se para se sentir mais seguro. Em vez de tolerar ou condenar essas ações, podemos separá-las da intenção positiva daquela pessoa para que seja possível acrescentar novas opções mais atualizadas e positivas a fim de satisfazer a mesma intenção.

As pessoas sempre fazem a melhor escolha disponível para elas

Cada um de nós tem a sua própria e única história. Por meio dela aprendemos o que querer e como querer, o que valorizar, e como valorizar, o que aprender e como aprender. Essa é a nossa experiência. Com base nela, devemos fazer todas as nossas opções, isto é, até que outras novas e melhores sejam acrescentadas.

Se o que você está fazendo não está funcionando, faça outra coisa

Faça qualquer coisa. Se você sempre faz o que sempre fez, você sempre conseguirá o que sempre conseguiu. Se você quer algo novo, faça algo novo, especialmente quando existem tantas alternativas."[71]

[71] O'CONNOR, Joseph; SEYMOUR, J. **Introdução à Programação Neurolinguística:** como entender e influenciar as pessoas. Tradução de Heloísa Martins Costa. São Paulo: Summus Editorial, 1990.